Les Toques Blanches Lyonnaises

EN 100 RECETTES
& ACCORDS METS-VINS

En couverture, le logo des Toques Blanches Lyonnaises,
dessiné par Alain Vavro

Conception graphique et mise en page : Corinne Tourrasse
Prépresse et fabrication : Glénat Production

Couvent Sainte-Cécile – 37, rue Servan
38000 Grenoble
www.glenat.com

ISBN : 978-2-344-05870-1
Dépôt légal : novembre 2023

Les Toques Blanches Lyonnaises

EN 100 RECETTES & ACCORDS METS-VINS

Textes d'Yves Rouèche
Photographies de Matthieu Cellard

Glénat

Salon international de la restauration, de l'hôtellerie et de l'alimentation (Sirha) 2019. Guillaume Gomez, au centre, est accueilli sur le stand des Toques Blanches Lyonnaises.

PRÉFACE

« Lyon est une ville qui donne faim ! »
Paul Bocuse

Pour une telle ville, capitale de la gastronomie, il fallait une organisation capable de la représenter dans sa pluralité, avec ses différences, ses origines et son avenir. Bravo aux Toques Blanches Lyonnaises d'avoir vu le jour et surtout d'avoir su perdurer et évoluer au fur et à mesure du temps et des changements de cap de l'association. Dans une ville où bien manger est une religion, avec pour pape Monsieur Paul, il est normal que les plus grands chefs aient rejoint cette congrégation.

Merci et bravo aux Toques Blanches Lyonnaises de nous livrer aujourd'hui 100 de leurs meilleures recettes dans cet ouvrage qui fera date et référence dans la bibliothèque de chaque Lyonnais, de chaque épicurien et de chaque gourmand de France !

Voici projet inédit au service du rayonnement de notre gastronomie, un projet qui s'inscrit dans la continuité des valeurs de partage et de transmission des savoir-faire de cette gastronomie lyonnaise si riche et si variée.

Je parlais de l'évolution de l'association : quelle intelligence d'avoir accueilli d'autres métiers qui font la gastronomie, comme des pâtissiers, un charcutier, des sommeliers, des directeurs de salle, des traiteurs, et tant d'autres… La conséquence bien agréable pour tous, ce sont les accords vins et mets proposés dans ce livre et imaginés par les sommeliers membres de l'association.

Au fil des pages de cet opus, après avoir dégusté « La grande histoire des Toques Blanches Lyonnaises » posée avec l'expertise d'Yves Rouèche, vous pourrez vous laisser guider et inspirer par cette « brigade des cent ». Devenez le cent-unième ! À vous pâté-croûte, cervelle de canut, cuisses de grenouilles, quenelles et autres spécialités qui n'auront plus de secret pour vous !

À titre personnel, je tenais à remercier tous ces chefs qui, depuis près de trente ans, m'accueillent avec fraternité à Lyon, moi qui suis parisien ! Mon amitié pour eux n'a d'égale que l'admiration que je leur porte pour avoir su magnifier et valoriser leur ville, leur culture et leur territoire.

Ma proximité avec la famille Marguin, particulièrement Christophe, le président des Toques Blanches Lyonnaises, n'est pas un secret. L'énergie qui le caractérise, sa bonhomie, sa verve et son franc-parler en font un ami sincère et fidèle.

Merci de m'avoir fait l'honneur de cette préface, longue vie aux Toques Blanches Lyonnaises, et rendez-vous, vite, dans leurs maisons !

Et n'oubliez pas que de toutes les passions, la seule vraiment respectable est la gourmandise !

Guillaume Gomez
Ambassadeur pour la Gastronomie

JACKY MARGUIN
M.O.F.
MEILLEUR ORGANISATEUR DE FESTIVITES
11 FEVRIER 1996
A mon Père,
MERCI
pour cette entrée au
PANTHÉON
des
CHEFS
28/12/21
LE PRESIDENT
Gaspard Marguin

PRÉFACE

Les Toques Blanches Lyonnaises :
un voyage gourmand à travers le temps

C'est avec un immense honneur et une fierté indescriptible que je vous accueille au cœur de ce recueil culinaire d'exception. Plongez-vous dans les pages qui suivent, qui incarnent le savoir-faire et la passion partagée de chefs, de pâtissiers, de sommeliers, de directeurs de salle, mais aussi d'un charcutier de renom, tous membres éminents de notre belle Association des Toques Blanches Lyonnaises.

Ce livre, fruit d'une collaboration inédite entre plus de cent auteurs, porte en lui l'âme vibrante de notre patrimoine culturel. Il incarne la transmission d'un art millénaire, d'une tradition qui a su s'imposer et évoluer à travers les âges, faisant de Lyon la capitale mondiale de la gastronomie.

Avec ce projet, nous avons uni nos forces pour offrir à nos convives une expérience gourmande, complète et harmonieuse. La magie qui opère lorsque chaque saveur est accompagnée du vin parfaitement assorti est une expression ultime de notre art. C'est aussi une preuve tangible de notre engagement envers l'excellence que vous retrouverez dans cet ouvrage.

Avec ce projet, nous transmettons nos valeurs et nos principes : nous partageons nos savoirs et nos secrets, sans modération ; nous respectons et promouvons ce qui était bon hier, qui l'est encore aujourd'hui et fera du bien demain ; nous réunissons les meilleurs professionnels pour que leur art soit mis au service de la diffusion des savoirs ; nous rendons le monde un peu plus savoureux.

Ce livre n'est pas seulement un recueil de recettes, il est le témoignage de notre histoire et de son héritage, de la richesse culturelle, émotionnelle et sensorielle de notre métier, de la place qu'il a occupée à travers les âges.

Laissez-vous guider par les récits courts qui accompagnent chaque recette et vous présentent les chefs et leur cuisine.

Laissez-vous emporter par les saveurs, les textures et les arômes qui se dévoileront à mesure que vous explorerez ces recettes.

Christophe Marguin
Président des Toques Blanches Lyonnaises

SOMMAIRE

Médaille créée par Nicolas Salagnac,
graveur médailleur à Lyon, Meilleur Ouvrier de France.

LA GRANDE HISTOIRE DES TOQUES BLANCHES LYONNAISES

Textes d'Yves Rouèche

Ci-contre : Françoise Fayolle, alias la Mère Fillioux, la mère de la gastronomie lyonnaise dans son restaurant rue Duquesne à Lyon vers 1900.

Double page suivante : le premier restaurant Marguin, aux Échets, en 1910.

« Depuis le milieu du XIV*ᵉ siècle jusqu'à la Révolution, la gueule fut pour les administrateurs de Lyon un moyen de gouverner et de conquérir ou conserver des influences [...]. Lorsqu'un roi devait entrer à Lyon, la première question que se posaient les échevins était : "Qu'allons-nous lui donner à manger ?"* [...] *De tout temps, l'architecture d'estomac et la philosophie de boyaux ont tenu une place capitale dans les arts, les sciences et le commerce lyonnais*[1]. » C'est ainsi que Curnonsky, l'homme qui consacra Lyon capitale mondiale de la gastronomie en 1935, résumait l'importance de la « science de gueule » dans la ville. Alors, quand Freud écrivait, en 1913, que l'acte de manger et de boire était *« à la fois un symbole et un moyen de renforcer la communauté sociale et de contracter des obligations réciproques*[2] », il y avait bien longtemps que les soyeux et bourgeois lyonnais avaient pris conscience de l'enjeu de la table pour influencer leurs visiteurs et faire prospérer leurs affaires.

À Lyon, l'art de la table, ou, plus communément, la « science de gueule », est un *« culte millénaire voué à la juste célébration d'une des plus merveilleuses cuisines du monde*[3] », un culte magistralement orchestré dès la Renaissance par les aubergistes, cuisiniers, maîtres rôtisseurs et poulaillers, puis par les traiteurs au siècle des Lumières, et enfin par les Mères et les chefs du XXᵉ siècle.

1. Curnonsky et Rouff (Marcel), *La France gastronomique : Lyon et le Lyonnais*, F. Rouff, 1925, t. II., p. 46-48.
2. Freud (Sigmund), *Totem et Tabou*, Payot, 1977, p. 155.
3. Benoît (Félix) et Clos-Jouve (Henry), *La Cuisine lyonnaise*, Solar, 1972, p. 13.

RESTAURANT

ARGUIN

LYON À TABLE

LE MYTHE GASTRONOMIQUE LYONNAIS

Estampe par Jean Coulon, dans *La Vie lyonnaise*, par Jean Coulon, Bernoux et Cumin Éditeurs, 1898.

À Lyon, la gastronomie est prépondérante, dans les affaires, en politique et dans les familles, à tel point que, depuis la consécration de Lyon comme capitale mondiale de la gastronomie, la cuisine lyonnaise est devenue un véritable mythe. Ce mythe a pris forme après la Révolution, avec l'avènement de l'industrie de la soie et de la cuisine bourgeoise des soyeux. Une cuisine louée par Grimod de La Reynière, père fondateur de la critique gastronomique, qui affirme la prééminence de la table lyonnaise, «*solide, abondante et délicate*[4] », comparée à la table parisienne, et avoue même «*préférer les soupers lyonnais aux plus brillants soupers de la capitale*». Le mythe s'est confirmé dans les années 1930, quand se sont trouvés réunis dans la ville les trois acteurs nécessaires à la construction du mythe : les gastronomes, les critiques gastronomiques et des artistes culinaires réputés.
C'est l'histoire de ces artistes culinaires que nous allons vous conter.

4. Grimod de La Reynière (Alexandre Balthazar Laurent), *Peu de chose : hommage à l'académie de Lyon*, Neuchâtel/Paris, Desenes et Petit/Belin, 1788, p. 52-53.

À LYON, POINT DE MAÎTRES QUEUX, **MAIS DE SIMPLES CUISINIERS**

À la Renaissance, parmi les corporations de gueule, on ne connaissait que les pâtissiers, les oublieurs, les rôtisseurs, les bouchers et les charcutiers. Les cuisiniers n'avaient pas d'existence propre, excepté au sein de quelques maisons seigneuriales et bourgeoises. Contrairement à Paris, où les cuisiniers avaient leur propre corporation, celle des maîtres queux, cuisiniers porte-chapes de Paris, Lyon n'eut jamais de maîtres queux. Les cuisiniers lyonnais étaient de simples compagnons cuisiniers, rassemblés dans la corporation des maîtres pâtissiers, oublieurs et cuisiniers qui travaillaient sous la responsabilité des maîtres pâtissiers. Cette corporation ainsi que celle des cabaretiers disposaient, en exclusivité, du droit de faire asseoir leur clientèle pour boire et manger, alors que les rôtisseurs et les poulaillers devaient se contenter de débiter ragoûts, volailles et gibiers rôtis à emporter.

Cette réglementation régissant les corporations avec leurs monopoles se maintint jusqu'en 1791, quand la loi Le Chapelier les abolit définitivement, permettant aux restaurants de se multiplier librement dans la capitale, puis dans la France entière, en Europe et dans le reste du monde.

Ci-contre : Restaurant Georges et Paul Bocuse, à Collonges-au-Mont-d'Or, en 1957. Au premier rang, de gauche à droite : Jacky Marguin et le chien Fritz, Irma et Georges Bocuse, Roger Jaloux et le chien Flambo. Debout, de gauche à droite : Raymonde et Paul Bocuse, Robert Subra, Auguste Liautard, Pierre Orsi et Marcel Chaussire.

Double page suivante : Paul Bocuse et ses quatre apprentis : Auguste Liautaud, Jacky Marguin, Pierre Orsi et Roger Jaloux.

L'AVÈNEMENT DES RESTAURATEURS LYONNAIS AU XIXe SIÈCLE

Carte publicitaire de 1929.

Les rôtisseurs devinrent traiteurs avant la Révolution, puis cuisiniers restaurateurs au début du xixe siècle, avec la double qualité de « traiteurs » à domicile et de « restaurateurs ». L'histoire retint quelques célébrités : Piraud, « roi des rôtisseurs de Lyon » vers 1750, Furneraud, premier restaurateur lyonnais de renom, Déduit, célèbre pour sa tête de veau, et son successeur, Payet, réputé pour ses pâtés de bécasse.

Peu à peu, bourgeois et soyeux allèrent dîner dans les restaurants qui se multipliaient dans la ville. C'est ainsi que naquirent, au xixe siècle, dans les cuisines de grands artistes lyonnais, les premiers chefs-d'œuvre culinaires : le poulet Célestine du Café du Cercle, la langouste du Père Moreau, les tétons de Vénus de la Mère Brigousse, le gratin du chanoine de Morateur, la matelote d'anguille de la Mère Guy, la truite saumonée de Maderni[5] ou encore le carpeau en gelée de Casati[6].

Toutefois, celle qui propulsa la gastronomie lyonnaise au firmament fut la Mère Fillioux, considérée comme la mère de la gastronomie lyonnaise. Son potage velouté aux truffes, ses culs d'artichauts au foie gras truffé, ses quenelles en gratin au beurre d'écrevisse, et surtout sa poularde demi-deuil séduisirent rapidement les gastronomes. Le tout Lyon se pressa à sa table, et sa notoriété, locale, puis nationale, devint planétaire avant la Première Guerre mondiale, grâce aux

5. Varille (Mathieu), *La Cuisine lyonnaise*, EDR/Éditions des Régionalismes, 2018, p. 20.
6. Rouèche (Yves), *Gastronomie lyonnaise : les Trésors retrouvés*, De Borée, 2020, p. 11.

nombreux visiteurs et exposants étrangers, présents lors des Expositions internationales et des Foires de Lyon. Le XIXe siècle vit aussi l'avènement des cafés, nouveaux établissements à la mode où l'on vendait café, thé et chocolat, avec les maisons Casati et Maderni, qui se transformèrent en restaurants réputés, avant de disparaître à la fin du XIXe siècle, après l'assassinat du président Sadi Carnot à Lyon par un anarchiste italien, le 24 juin 1894.

C'est dans l'un de ces très vieux cafés-glaciers de la place Bellecour, le Café Neuf, créé en 1827 par les frères Maderni, que Marius Vettard s'installa en 1922. Celui-ci devint rapidement une figure de la gastronomie lyonnaise, et son restaurant était régulièrement fréquenté par le puissant, et surtout très épicurien, maire de Lyon, Édouard Herriot. Distingué d'une première étoile au *Guide Michelin* en 1932, Marius Vettard s'affirma alors comme le leader d'un groupe de cuisiniers lyonnais qui se regroupèrent en 1936 pour fonder l'Amicale des Toques Blanches Lyonnaises et de sa région. Ces cuisiniers avaient en commun la passion du jeu de boules, de la bonne chère, et un sens aigu de l'amitié et de l'entraide. Marius Vettard régna sur la cuisine lyonnaise pendant quarante ans comme président de l'amicale et lui fit traverser la Seconde Guerre mondiale et les Trente Glorieuses sans encombre.

Médaille à l'effigie de Marius Vettard, l'un des fondateurs des Toques Blanches Lyonnaises, réalisée par Nicolas Salagnac à l'occasion des 80 ans de l'association.

Document publicitaire annonçant les Journées de cuisine lyonnaise, organisées à l'occasion de la Foire de Lyon 1934.

QUAND LA GASTRONOMIE N'ÉTAIT **PAS ENCORE UN ATOUT À LYON**

Lyon est une ville de bonne chère dans laquelle on trouve de tout et à profusion, et nombreux sont les témoignages qui attestent de la qualité de la table lyonnaise. Le bien manger faisait partie du quotidien des soyeux et était même un redoutable argument de vente, comme le disait si joliment Emmanuel Vingtrinier dans *La Vie lyonnaise* : « *Les affaires, ils le savent à merveille, ne se traitent bien que la fourchette à la main*[7]. »

Cependant, il ne semble pas du tout certain que les élites lyonnaises du début du XXe siècle aient eu conscience de ce savoir-faire et de cette richesse. Ainsi, il n'est jamais fait mention de cuisine ou de gastronomie dans les guides publiés pour les Expositions internationales de 1872, 1894 et 1914, ou pour les Foires de Lyon, alors que l'on vantait largement l'industrie, le patrimoine bâti et Guignol. Personne n'aurait imaginé que la cuisine, et plus largement la gastronomie, allait, enfin, faire de Lyon une capitale. Il suffit de lire le constat de Mathieu Varille, en 1928, pour s'en convaincre : « *La cuisine lyonnaise est-elle en décadence ou gravit-elle une nouvelle étape vers la gloire ? Je crois sincèrement que la période que nous traversons, et dans laquelle s'imposent des restrictions de toutes sortes n'est pas propice au développement de l'art culinaire*[8]. »

7. Vingtrinier (Emmanuel), *La Vie lyonnaise*, Bernoux & Cumin, 1898, p. 157.
8. Varille (Mathieu), *La Cuisine lyonnaise*, *op. cit.*, p. 87-88.

LYON EN ROUTE VERS LE TITRE DE **« CAPITALE MONDIALE DE LA GASTRONOMIE »**

Tout bascula entre 1925 et 1935, et le scepticisme de Mathieu Varille fut balayé en l'espace de dix ans.

Il n'avait pas imaginé la grande crise financière et économique de 1929, qui allait définitivement ruiner l'industrie de la soie. Les cuisinières bourgeoises au service des soyeux se retrouvèrent à la rue, avant de s'emparer des cuisines des restaurants, bouchons et porte-pots pour devenir les Mères lyonnaises. Il n'avait pas du tout anticipé que l'une d'elles, la Mère Brazier, allait gagner, en 1933, trois étoiles au *Guide Michelin* pour ses deux restaurants, et devenir la plus célèbre Mère lyonnaise. Enfin, Mathieu Varille ne se doutait pas que Curnonsky allait se prendre d'affection pour la gastronomie lyonnaise, ses cuisiniers et son terroir, et consacrer Lyon capitale mondiale de la gastronomie dans un ouvrage éponyme en 1935. Contrairement à Mathieu Varille, Curnonsky avait bien perçu l'excellence de la cuisine lyonnaise. En 1925, dans *La France gastronomique*, il écrivait dès la première page : « *Lyon, nous n'hésitons pas à le dire, à l'écrire, à le proclamer, est la capitale gastronomique du monde*[9]. » Le mot était lâché, et il allait radicalement changer la vision que les Lyonnais et leurs classes politiques avaient de la gastronomie, et leur comportement par rapport à celle-ci.

En 1936, le *Guide Michelin* décernait trois étoiles à quatre restaurants lyonnais : La Mère Brazier pour ses deux restaurants, La Mère Guy et Francotte, ce qui ne se reproduisit plus jamais pour une ville de province. À cela, il fallait encore ajouter neuf restaurants auréolés de deux étoiles et six d'une étoile. Soit un total de 36 étoiles pour 19 restaurants reconnus. Le record absolu !

La réputation gastronomique de la ville était à son paroxysme. La machine était lancée et rien ne pouvait l'arrêter ; 2 000 ans après avoir été consacrée capitale des Gaules, Lyon était bien devenue la capitale mondiale de la gastronomie.

9. Curnonsky & Rouff (Marcel), *La France gastronomique : Lyon et le Lyonnais*, *op. cit.*, t. I., p. 12.

Les 60 ans de fourneaux de la Mère Brazier ; photo parue dans *Paris Match* en 1968 ; de gauche à droite : Jean Vettard, Paul Lacombe, Paul Blanc, Christian Bourillot, Gérard Nandron, Paul Bocuse, Mado Point, Jean Vignard, Roger Roucou, Guy Thivard ; deva ıt : Marius Vettard et la Mère Brazier.

Double page suivante, de gauche à droite : Paul Blanc, Paul Bocuse, Jean Vétard, Jean Vignard, Marius Vetard ˈassis), Christian Bourillot, La Mère Brazier, Roger Roucou, Paul Lacombe, Guy Thivard.

L'AVÈNEMENT DES **TOQUES BLANCHES LYONNAISES**

L'actualité politique vint toutefois perturber ce nouveau rayonnement de la ville. Et, en cette année 1936, elle était de taille. Le Front populaire de Léon Blum venait d'instaurer la semaine de 40 heures et d'octroyer 14 jours de congés payés annuels à tous les salariés. Dans un métier où l'on travaillait parfois 80 heures par semaine, on pouvait aisément imaginer que cette loi ait provoqué un véritable coup de tonnerre chez les restaurateurs et les propriétaires de restaurant.

C'est dans ce contexte, à la fois très porteur en matière économique et très déstabilisant en matière sociale, que Marius Vettard décida de réunir quelques amis cuisiniers dans son restaurant de la place Bellecour, pour débattre du sujet et de ses conséquences sur leur avenir et celui de leur établissement. Ces cuisiniers, qui avaient déjà l'habitude de se retrouver chaque semaine au Carillon champêtre à Saint-Clair[10] pour une partie de boules suivie d'un casse-croûte bien arrosé, devaient aujourd'hui traiter de ce sujet, bien plus grave. Comme l'union avait toujours fait la force, ils décidèrent de fonder une amicale pour partager leurs préoccupations et œuvrer au rayonnement de la restauration lyonnaise. L'Amicale des Toques Blanches Lyonnaises était née ! Une bonne vingtaine d'autres cuisiniers la rejoignirent autour du bureau, représenté par son président, Marius Vettard* (Café Neuf, place Bellecour), et six de ses meilleurs soutiens et grandes gloires de la cuisine lyonnaise, parmi lesquels figuraient Joseph Vignard** (Chez Juliette, rue de l'Arbre-Sec), Albert Mennweg** (Au Filet de Sole, rue Ferrandière), Marcel Thibaud* (Le Chateaubriand, place Kléber), Joannès Nandron (quai Jean-Moulin), Claude Maret (La Soierie, place des Terreaux) et Edmond Lafoy. Enfin, grâce au soutien d'Édouard Herriot, Marius Vettard se vit confier la table du pavillon du Lyonnais à l'Exposition universelle de 1937, à Paris. Son succès fut tel qu'il fut promu, dans la foulée, chef des dîners donnés par le président Édouard Herriot à la Chambre des députés.

10. Desgrandchamps (Valérie), *Les Toques Blanches Lyonnaises*, Éditions Stéphane Bachès, Lyon, 2007, p. 12.

Joannès Nandron, chef du restaurant Nandron, le premier chef de province sacré Meilleur Ouvrier de France en 1949.

Joannès Nandron et son équipe.

Le Café Neuf, Restaurant Vettard, 7, place Bellecour, dans les années 1960-1970.

En haut : 1976, intronisation de Jacques Marguin et Daniel Léron aux Maîtres Cuisiniers de France, en présence de nombreuses figures de la gastronomie lyonnaise.

En bas : Roger Roucou, deux étoiles au *Guide Michelin*, chef de La Mère Guy et ancien président des Toques Blanches Lyonnaises.

LA CUISINE LYONNAISE SAUVÉE PAR LES TOQUES BLANCHES LYONNAISES

Les conséquences de la Seconde Guerre mondiale reléguèrent la gastronomie et la cuisine au rang du superflu. Après la guerre, les élites se tournèrent davantage vers les nouvelles industries de pointe, le développement de la chimie, de la pharmacie, des transports, et laissèrent de côté la réputation gastronomique de la ville et de ses restaurants. En 1950, Marcel-Étienne Grancher, déplorant le déclin de la gastronomie lyonnaise, alla même jusqu'à retirer à la ville son titre de capitale de la gastronomie pour le décerner à Dijon, où se tenaient les États généraux de la gastronomie et la Foire gastronomique[11]. Pourtant, si les politiques avaient d'autres priorités, ils fréquentaient toujours assidûment les bonnes tables de la ville, dont les chefs faisaient partie des Toques Blanches Lyonnaises. Ce sont ces chefs qui, dans l'ombre de leur cuisine, ont maintenu la gastronomie lyonnaise en haut de l'affiche jusqu'aux années 1960 avec l'avènement de Paul Bocuse, qui allait dynamiser la cuisine lyonnaise et française, et permettre à Lyon d'ancrer durablement son titre quelque peu égaré depuis la fin de la guerre. Les figures de proue de ce renouveau de l'après-guerre se nommaient Joannès Nandron**, premier cuisinier de province à obtenir le titre de Meilleur Ouvrier de France, en 1949, Jean Vignard**, successeur de son frère Joseph au restaurant Chez Juliette, Edmond Lafoy* (Farge, place des Cordeliers) et un nouvel arrivant aux manettes du restaurant de La Mère Guy (quai Jean-Jacques-Rousseau), Roger Roucou**. Rapidement, l'amicale reprit ses pratiques hebdomadaires de parties de boules et casse-croûte chez l'un ou l'autre de ses membres.

11. Csergo (Julia) et Lemasson (Jean-Pierre), *Voyages en gastronomies : l'invention des capitales et des régions gourmandes*, Autrement.

UNE NOUVELLE GÉNÉRATION

Dans les années 1970, une nouvelle génération de Toques Blanches Lyonnaises émergea autour de Paul Bocuse***, avec Jean-Paul Lacombe* (Léon de Lyon), Gérard Nandron**, Jacky Marguin* (Les Échets), Roger Douillé* (Les Échets), Pierre Orsi**, Christian Bourillot* (place des Célestins)... Mais la décennie fut marquée par le décès, en juin 1975, de son président fondateur, Marius Vettard, à l'âge de 92 ans. Quatre présidents lui succédèrent avant l'arrivée de Christophe Marguin, en 2006 : Paul Blanc (Le Chapon Fin, Thoissey) de 1976 à 1983, Roger Roucou de 1983 à 1987, Pierre Orsi de 1988 à 1992 et Guy Lassausaie (Chasselay) de 1993 à 2006.

Le premier, Paul Blanc, fils cadet d'Élisa Blanc, célèbre Mère de Vonnas, transforma l'amicale en association loi 1901 avec des objectifs clairement établis : «*Assurer la diffusion, le développement et la défense des intérêts de la cuisine lyonnaise et de la région, ainsi que le maintien de ses traditions ; faire connaître et assurer la promotion des produits régionaux, entretenir l'amitié entre les membres d'une même profession...*» L'association, qui comptait alors plus de 60 membres, vit ses rangs renforcés par l'arrivée de Mère Léa* (La Voûte, place Gourju), reine du tablier de sapeur, première femme à être adoubée par ses pairs en cuisine et à devenir Toque Blanche.

Le second, Roger Roucou, lança les premiers séjours culinaires à l'étranger pour faire rayonner la cuisine lyonnaise. Il abandonna son mandat en 1988 pour présider l'association des Maîtres Cuisiniers de France.

Le troisième, Pierre Orsi, élève de Paul Bocuse, reprit le flambeau et s'investit corps et âme dans la structuration de l'association et l'organisation du Bocuse d'Or. D'ailleurs, ce concours ne serait jamais devenu le plus grand « show » culinaire au monde sans Les Toques Blanches Lyonnaises. Lors de sa première édition, en 1987, les membres des Toques Blanches Lyonnaises constituaient l'ensemble du jury du Bocuse d'Or. Trente-cinq ans plus tard, ils constituent toujours l'ossature du comité d'organisation de ce même concours.
Enfin, en 1993, un vent de renouveau souffla sur l'association avec l'élection, à 32 ans, du plus jeune président de son histoire, Guy Lassausaie, qui fut consacré Meilleur Ouvrier de France la même année.

De gauche à droite : Patrick Henriroux, Jacques Pic, Georges Blanc, Pierre Troisgros, Alain Chapel, Paul Bocuse, Pierre Gagnaire, Philippe Chavent, Jean-Paul Lacombe, Pierre Orsi, Roger Jaloux et Veyrat.

Treize étoiles sur un marché en 1974.
Devant, de droite à gauche : Christian Bourillot (Célestins), Daniel Leron (Daniel et Denise), Jean-Paul Lacombe (Léon de Lyon), Gérard Nandron (Nandron), Georges Blanc (La Mère Blanc), Jean-Paul Borgeot (La Tassée), Jacky Marguin (Les Échets) avec son fils Christophe âgé de 7 ans, Gervais Lescuyer (Chez Gervais), Yves Bonamy (Pont de Morancé) et Pierre Maringue (Le Chapon Fin).

Les Toques Blanches Lyonnaises
en canotiers posent pour *Lui* en 1975.

Léa Bidaut, alias la Mère Léa,
dans la cuisine de son restaurant
La Voûte Chez Léa.

VINCENZO

Page de gauche, en haut : Paul Bocuse, la Mère Léa, Jean-Paul Pignol, Pierre Orsi et Jean Fleury.

En bas : 40 ans d'Alain Chapel. De gauche à droite : Pierre Orsi, Roger Roucoux, Maurice Bernachon, Jean Troisgros, Paul Bocuse, Alain Chapel, Michel Brunet, Jean Vettard, Jean-Paul Lacombe et Gérard Nandron.

Ci-dessus, en haut : Michel Allarousse et Raymond Chiva.

Au centre : Renée Richard, Daniel Robin et Maryse Allarousse.

En bas : Raymond Chiva, Daniel Robin, Mme Job et Roger Douillé.

Ci-dessus : 1988, à l'assemblée générale des Toques Blanches Lyonnaises, organisée à l'Abbaye Paul Bocuse : Michel Brunet, à gauche, et Pierre Orsi, président des Toques Blanches Lyonnaises de 1988 à 1993.

Ci-contre : 1957, au restaurant de Louis Orsi à Poleymieux-au-Mont-d'Or, Louis et Pierre Orsi avec l'équipe du restaurant.

Finale de la coupe Davis à Lyon en 1991 à Lyon. De gauche à droite : Jean-Paul Pignol, Christian Bourillot, Jean-Paul Lacombe, Daniel Léron.

Page de droite, en haut : 1988, délégation de Toques Blanches Lyonnaises à Avignon : Raymond Chiva, Bernard Constantin, Daniel Robin, Jacky Marguin, Pierre Orsi, Michel Brunet, Joseph Delphin, Roger Jaloux, Roger Douille et Roger Roucou tout à droite.

Au centre : 1994, les Toques Blanches Lyonnaises organisent le repas des sans-abris.

En bas : 1997, assemblée générale des Toques Blanches Lyonnaises sous la présidence de Guy Lassausaie.

2003, chez Guy Lassausaie (à gauche), alors président des Toques Blanches Lyonnaises, avec Georges Pleynet et Pierre Troisgros (à droite).

Page de droite, en haut : Monsieur Paul et sa brigade : Roger Jaloux, Jean Fleury et Christophe Bouvarel.

En bas : Paul Bocuse, président du Bocuse d'Or, et, à côté de lui, Gabriel Paillasson, double Meilleur Ouvrier de France et président de la Coupe du Monde de pâtisserie.

Paul Bocuse
France

LA NOUVELLE ÈRE DE **CHRISTOPHE MARGUIN**

Fils de Jacky Marguin*, mais aussi neveu de Roger Douillé* et filleul de Pierre Orsi**, Christophe Marguin, né un 25 décembre, s'engage en cuisine comme en religion. Après un parcours auprès de grands chefs étoilés en France et en Angleterre, il revient en 1991 dans le berceau familial, aux Échets, pour seconder son père, et rejoint Les Toques Blanches Lyonnaises en 1993. La consécration arrive en 1996, quand il réalise un formidable doublé, en remportant le prix culinaire Prosper-Montagné et le Prix Pierre Taittinger. Il est aussitôt reconnu par ses pairs des Toques Blanches Lyonnaises, qui le consacrent chef de l'année 1997.

Ambitieux et fin stratège, Christophe Marguin s'assure du soutien de Paul Bocuse, Pierre Orsi et Jean-Paul Lacombe, avant de se présenter et d'être élu sixième président des Toques Blanches Lyonnaises, en 2006. Il s'entoure immédiatement d'une équipe de fidèles, Frédéric Berthod (33 Cité), Mathieu Viannay** (La Mère Brazier), Joseph Viola (Daniel & Denise), pour mettre en place sa stratégie. Il augmente le nombre de membres de l'association, limité au préalable à 100, pour y faire entrer de nouveaux talents et la redynamiser. Il met en place les partenariats nécessaires pour financer et développer l'association aux niveaux national et international. Il est aussi à l'initiative de nombreux événements qui positionnent Les Toques Blanches Lyonnaises comme un acteur essentiel de promotion de la gastronomie lyonnaise et française, dont les Trophées de la gastronomie et des vins, créés en partenariat avec *Le Progrès*, en 2008. Il est membre fondateur de la Confrérie du pâté-croûte, qui organise chaque année un championnat du monde et a sauvé le pâté-croûte artisanal des assauts de l'industrie agroalimentaire.

En 2012, après les deux mandats réglementaires de Christophe Marguin, Laurent Bouvier, petit-fils d'une Mère lyonnaise étoilée (Le Puy d'Or) et chef de l'Elleixir, à Limonest, accède à la présidence de l'association. Cet ancien champion de France du pâté-croûte impose le diplôme de maître restaurateur pour pouvoir entrer dans l'association. Ce titre est l'équivalent du maître queux de la Renaissance, à savoir un cuisinier qui fait autorité de son art.

Double page suivante : les Toques Blanches Lyonnaises sur le carrousel de la place Bellecour après l'organisation du Grand Prix de tennis de Lyon :
Paul Bocuse, Guy Lassausaie, Daniel Léron, Jean-Paul Pignol, Jean Fleury, Jean-Paul Lacombe et Daniel Jideaux.

2007, journée de ski à l'Alpe d'Huez, à l'invitation de Gérard Astic.

Dès 2015, Christophe Marguin est de retour à la tête de l'association.
« *Voir plus loin, plus grand, pour faire rayonner la cuisine lyonnaise, et plus largement, promouvoir l'excellence de la gastronomie française* », voilà la vision de Christophe Marguin. Il la met en œuvre en ouvrant l'association à des chefs lyonnais établis à l'étranger et en installant un stand des Toques Blanches Lyonnaises au sein du Salon international de la restauration, de l'hôtellerie et de l'alimentation (Sirha), espace devenu la terre d'accueil de tous les chefs français et étrangers en visite au salon. Il lance la première édition du concours des jeunes cuisiniers autour de la viande, en collaboration avec le Boucherie Trolliet et Maurice Trolliet, MOF boucher 1986, et la première édition du championnat de France de pâté-croûte des écoles hôtelières.

Il propulse l'association vers le futur en l'ouvrant à d'autres horizons et d'autres métiers de la restauration. Chefs et cheffes, venus de différentes régions françaises et de l'étranger, cavistes, sommeliers, maîtres d'hôtel, charcutiers, fromagers… rejoignent peu à peu les rangs des Toques Blanches, qui dépassent aujourd'hui les 130 adhérents. C'est une véritable révolution qui s'opère. Ces nouveaux talents seront l'énergie des Toques Blanches de demain, qui perpétueront à leur tour les valeurs de l'association.
Charismatique et meneur d'hommes, il aime faire la fête entre copains et collectionne menus des présidents de la République, vestes de chefs dédicacées et ouvrages culinaires. Tous les membres de l'association ne peuvent être de cette même trempe, mais tous s'accordent à voir en Christophe Marguin une véritable incarnation des Toques Blanches Lyonnaises.

À l'hôtel de ville de Lyon, les Toques Blanches Lyonnaises, avec les sommeliers et vignerons du Beau_olais, lors d'une réception pour une délégation de chefs américains.

Asemblée générale des Toques Blanches Lyonnaises à l'Abbaye Paul Bocuse de Collonges-au-Mont-d'Or.

QUAND LES TOQUES BLANCHES LYONNAISES S'EMPARENT DU **TÉMOIN TENDU PAR MONSIEUR PAUL**

Depuis la mort de Paul Bocuse, en 2018, l'association des Toques Blanches Lyonnaises s'est révélée le maillon indispensable à la promotion de la gastronomie lyonnaise et française, et à son rayonnement planétaire. Et, comme un signe du destin, c'est un membre éminent des Toques Blanches Lyonnaises, Davy Tissot* (Institut Lyfe, Écully), qui a remporté en 2021 le Bocuse d'Or, mettant fin à huit années de disette française, et démontrant au monde entier que, même sans Paul Bocuse, la gastronomie lyonnaise était toujours au rendez-vous.

Les Toques Blanches Lyonnaises se sont emparées avec brio du témoin que Monsieur Paul leur a transmis. Après la Mère Fillioux, Curnonsky, la Mère Brazier, Fernand Point, Marius Vettard et Paul Bocuse, c'est maintenant au tour des Toques Blanches Lyonnaises de faire rayonner dans le monde entier ce titre tant convoité de capitale mondiale de la gastronomie… dont le centième anniversaire sera célébré en grande pompe en 2035, soit un an avant celui des Toques Blanches Lyonnaises, en 2036.

LONGUE VIE AUX TOQUES BLANCHES LYONNAISES !

Ci-dessus : la promotion 2023 des Toques Blanches Lyonnaises.

Ci-contre : assemblée générale 2019.

LE BUREAU DES TOQUES BLANCHES LYONNAISES

Le bureau des Toques Blanches Lyonnaises avec, de haut en bas et de gauche à droite : Christophe Marguin, Le Président, Lyon (président), Frédéric Berthod, 33 Cité, Lyon (secrétaire) ; Joseph Viola, Daniel & Denise, Lyon (trésorier) ; Philippe Bernachon, Bernachon Passion, Lyon ; Fabrice Bonnot, Cuisines et dépendances, Lyon ;

Frédéric Côte, La Tour Cocooning & Gastronomie, Châtillon-sur-Chalaronne ; Julien Gautier, M Restaurant, Lyon ; Dominic Moreaud, Une faim d'apprendre, Lyon ; Clément Lattier, Histoire sans faim, Rochetaillée-sur-Saône ; Olivier Paget, L'âme sœur, Lyon ; Gérard Sénélar, Carpe Diem, Lyon.

INTRODUCTION À **LA SOMMELLERIE**

De l'échanson du Moyen Âge, chargé de servir à boire à un seigneur et de goûter le vin pour éviter tout risque d'empoisonnement, au sommelier du début du XIXe siècle, devenu un technicien du vin et un gestionnaire des travaux en cave dans les restaurants, jusqu'à celui des années 1960, qui met encore le vin en bouteille, le métier de sommelier a beaucoup évolué au fil du temps. Aujourd'hui, le sommelier est un homme de l'art, tourné vers le conseil au client. Il goûte, discute, sélectionne, expertise, achète, conserve, revend, élabore une carte, recommande et ajuste ses conseils. Il est tenu d'avoir des compétences et des connaissances en dégustation du vin, œnologie, distillation, agriculture, hôtellerie-restauration, gestion et management de collaborateurs… Il est devenu un passeur, celui qui doit avec tact et discrétion distiller le message du bon vin, du chef-d'œuvre au client. Client qui est toujours en attente d'un conseil, d'un bel accord, d'une belle histoire, d'un rêve.

GAËTAN **BOUVIER**

INSTITUT LYFE
Château du Vivier
1a, chemin de Calabert – 69130 Écully
+33 (0) 4 28 31 70 44
www.saisons-restaurant.fr

Gaëtan Bouvier, déjà Meilleur Sommelier de France 2016, Master of Port 2019, est devenu Meilleur Ouvrier de France en sommellerie en 2022. Son parcours sérieux derrière les fourneaux n'est pas seulement un atout, mais aussi une passion, qu'il entretient lorsqu'il cuisine, pour ceux qu'il aime, des recettes oubliées issues de vieux ouvrages culinaires français. Sa rencontre avec Davy Tissot en 2008, à la Villa Florentine, à Lyon, a fait naître un binôme alliant à la perfection technicité et émotion, pour des accords mets-vins de précision. Sa passion, Gaëtan Bouvier l'exerce aujourd'hui au sein de l'Institut Lyfe, où elle contamine de jeunes étudiants venus du monde entier apprendre à ses côtés.

ARNAUD **CHAMBOST**

LYCÉE FRANÇOIS-RABELAIS
Campus François-Rabelais
Chemin du Dodin – 69570 Dardilly
+33 (0) 4 78 66 88 88
www.lyceecfarabelais-lyondardilly.fr

Le sommelier Arnaud Chambost, Meilleur Ouvrier de France de la spécialité en 2000, initié au métier par Bernard et Chantal Constantin au sein de la maison Larivoire, à Rillieux-la-Pape, s'est formé sur le tas, faisant ses armes chez Michel Guérard avant de rejoindre Georges Dubœuf dans l'aventure naissante du Hameau du Vin. Titillé par un sens du partage inné, il décide de changer de vie à l'aube du nouveau millénaire en devenant professeur de sommellerie au lycée hôtelier François-Rabelais, à Dardilly. Reconnaissable à ses célèbres moustaches, Arnaud Chambost assure ainsi depuis deux décennies la transmission du goût du vin et de l'excellence aux futures générations de sommeliers français.

LAURENT **DERHÉ**

COMPTOIR ET DÉPENDANCES
La Place – 38290 Frontonas
+33 (0) 4 74 95 14 14
www.comptoir-dependances.fr

Venu au vin grâce à des professeurs passionnés et par le goût des concours, Laurent Derhé est d'abord un sommelier d'exception, formé à l'excellence auprès d'Alain Ducasse, de Philippe Chavent ou encore de Christian Lherm. Il a depuis déployé ses ailes d'entrepreneur, ouvrant un premier restaurant à Frontonas en 2000, puis un second en 2012 en compagnie de son épouse, Laurence. Dans ses restaurants, ce Meilleur Ouvrier de France 2007 partage avec bonheur son amour du flacon, fidèle à une philosophie qu'il cultive également en donnant des cours à l'Institut Lyfe et en présidant l'Association des sommeliers lyonnais et Rhône-Alpes, dont il est l'un des plus ardents ambassadeurs.

FABRICE **SOMMIER**

WINE SCHOOL BY FABRICE SOMMIER
29, boulevard du Général-Leclerc
71000 Mâcon
+33 (0) 3 85 36 74 45

Fabrice Sommier est un globe-trotter, un dénicheur de pépites dont le seul objectif est le partage. Avec trente années d'expérience en sommellerie au sein de différents établissements hôteliers et restaurants gastronomiques étoilés, il exerce son savoir-faire à la direction de la Maison Blanc, où il officie pendant deux décennies, contribuant à l'essor de la prestigieuse institution vonnassienne. Si la transmission était pour lui une évidence, elle est devenue une priorité en 2007, lorsqu'il remporte le concours « Un des Meilleurs Ouvriers de France Sommellerie ». C'est ainsi qu'en 2021, il décide d'écrire une nouvelle page de sa vie, en fondant une école du vin accessible à tous. La Wine School By Fabrice Sommier est née !

MAXIME **VALÉRY**

L'AUBERGE DU PONT DE COLLONGES
RESTAURANT PAUL BOCUSE
40, quai de la Plage
69660 Collonges-au-Mont-d'Or
+33 (0) 4 72 42 90 90
www.bocuse.fr

On peut être maison de tradition et cultiver le goût du modernisme. C'est en vertu de cette philosophie que l'Auberge du pont de Collonges a souhaité s'offrir les services d'un chef sommelier résolument iconoclaste. Fort de ses découvertes en Australie, en Polynésie et en Asie, le wine-trotter Maxime Valéry, passé par le Dinner by Heston Blumenthal à Londres et La Vague d'Or à Saint-Tropez, a eu les coudées franches pour ajuster la carte des vins, ajoutant aux grands classiques quelques pépites teintées d'exotisme. Avec, à la clé, de surprenants accords mets-vins, à l'image de ce poireau grillé sur sa fine gaufrette feuilletée, arrosé d'un Marlborough Dog Point Section 94, sauvignon blanc, issu d'un vignoble néo-zélandais. Maxime Valéry est récompensé par le titre de meilleur sommelier de l'année 2022 aux Trophées de la gastronomie et des vins.

DENIS **VERNEAU**

LA MÈRE BRAZIER
12, rue Royale – 69001 Lyon
+33 (0) 4 78 23 17 20
www.lamerebrazier.fr

Fidèle complice de Mathieu Viannay depuis 2008, Denis Verneau a sa juste part de responsabilité dans la trajectoire étoilée de la Mère Brazier, dont il accorde la carte des vins avec une passion résolument altruiste. Le Meilleur Ouvrier de France 2015, élu en 2022 président des Meilleurs Ouvriers de France en sommellerie, formé à l'excellence par les Thierry Marx, Marc Veyrat et autres Jean-Paul Lacombe, conçoit l'accord mets-vins comme un gage d'expériences inoubliables et, parfois, insoupçonnées. En témoigne cet étonnant mariage des gambas carabineros, gelée de têtes et bisque d'oursins, avec le muscadet-sèvre-et-maine, cuvée L d'Or du Domaine Luneau-Papin.

GEORGES **DOS SANTOS**

ANTIC WINE
18, rue du Bœuf – 69005 Lyon
+33 (0) 4 78 37 08 96

Il existe au cœur du vieux Lyon un étonnant portail, ouvert sur les vignobles du monde entier. Ici, pas de favoritisme régional : le vin, lorsqu'il est bon, n'a pas de frontières pour Georges Dos Santos. Cet ancien cuisinier, formé à l'excellence du flacon par le chef des Adrets, Jean-Luc Wesolowski, s'est « contenté » d'écumer cinq années durant les terroirs viticoles des quatre coins de la planète, forgeant sa science pour mieux revenir la transmettre aux épicuriens lyonnais. Depuis son cher Antic Wine, où s'épanouissent, dans une cave du XVIe siècle, des milliers de grands crus et de vins d'exception, il garnit les cartes des meilleures tables de la région. Un savoir-faire salué par le prix du meilleur sommelier à l'occasion des Trophées de la gastronomie et des vins 2021.

OLIVIER **FUCHS**

LA CAVE D'OLIVIER FUCHS
6, rue de la Citadelle – 83990 Saint-Tropez
+33 (0) 4 94 96 65 71
www.cave-vins-fuchs-sttropez.fr

En digne héritier d'une famille emblématique de Saint-Tropez, Olivier Fuchs a fait de sa cave un lieu incontournable pour célébrer l'amitié, le bien boire et le bien manger. Ancien restaurateur, il a fait les beaux jours du restaurant familial Chez Fuchs de 1951 à 2008, puis de son propre établissement, Le Bistrot d'Olivier, à Saint-Tropez, *Gault & Millau* d'or. Il perpétue aujourd'hui l'héritage familial en proposant une sélection de plus de 2 000 références de vins d'ici et d'ailleurs, ainsi que des spiritueux d'exception. Accoudé au comptoir, vous pourrez écouter cet épicurien au franc-parler vous raconter l'histoire des vignerons qui ont façonné les remarquables nectars proposés.

INTRODUCTION AU **SERVICE EN SALLE**

Dans l'Ancien Régime, le maître d'hôtel était le plus important de tous les officiers domestiques du service de bouche d'un hôtel aristocratique. Souvent exercée par d'authentiques nobles servants épée au côté, cette charge demeurait de loin la plus prestigieuse et la plus enviée du temps du service à la française sous Louis XIV. Dans la seconde moitié du xxe siècle, avec l'avènement de la Nouvelle Cuisine, les cuisiniers ont pris le pouvoir. Leur médiatisation jusqu'à la starisation a relégué le service au second plan. Toutefois, le maître d'hôtel reste le véritable chef d'orchestre de la salle dans les grands restaurants. Il doit non seulement être doté de compétences managériales, de gestion et de planification, d'une véritable empathie envers ses clients, mais aussi avoir l'œil partout et détecter le moindre détail à corriger. Il joue également un rôle primordial dans le spectacle qu'il procure lors de la découpe ou du flambage en salle, deux éléments qui font partie du patrimoine culinaire français et qui pourraient bien être à nouveau à l'ordre du jour, car ils sont le prolongement, dans la salle, de l'art du cuisinier.

MARCO **CHOPIN**

LE THÉODORE
34, cours Franklin-Roosevelt
69006 Lyon
+33 (0) 4 78 24 08 52
www.letheodore.fr

En octobre 2017, Marco Chopin, anciennement directeur de la Brasserie L'Est, aux Brotteaux, décide de reprendre le restaurant Le Théodore à Lyon 6e pour en faire un établissement à son image, élégant, traditionnel et de qualité. Pari réussi, tant la plus parisienne des brasseries lyonnaises fait le plein de gourmets et d'épicuriens. Tous viennent apprécier une cuisine à la fois simple et généreuse, qui contribue surtout à entretenir la grande ambition du maître des lieux : faire en sorte que chacun, ici, se sente comme le plus important des convives… L'art de recevoir dans sa plus pure expression, en somme, valeur de plus en plus rare, mais dont la flamme brille sans discontinuer au-dessus du Théodore.

FRÉDÉRIC **FASS-THOULÉ**

LE F2
2, place de l'Hôpital – 69002 Lyon
+33 (0) 4 78 82 22 22
www.lef2.com

« Le plaisir de faire plaisir »… Des mots simples et pourtant si puissants, que Frédéric Fass-Thoulé a fait siens, telle une devise précieuse. Le charismatique directeur de salle du F2, pour lequel le sens de l'accueil est érigé en valeur fondamentale depuis la plus tendre enfance, s'est formé à l'art de recevoir dans d'illustres maisons, dont Claude Lutz, La Mère Brazier, Le Pavillon de la Rotonde… Lauréat du prix de l'accueil aux Trophées de la gastronomie et des vins 2019-2020, il dirige d'une main de maître cette belle adresse lyonnaise, où il fait bon déguster de savoureux plats préparés à base de produits locaux et délicieusement déclinés dans une carte courte et efficace.

THIERRY **JANDARD**

LA TABLE DE GUY
58, avenue Salvador-Allende
69500 Bron
+33 (0) 4 78 26 55 72
www.latabledeguy.com

En 2014, Thierry Jandard prend la décision d'opérer une reconversion professionnelle pour passer du monde de l'industrie à celui de la gastronomie. Le fruit de cette évolution se traduit par plusieurs années de travail en cuisine avec son frère Guy et le chef Nicolas Vernay à La Table de Guy. En 2022, il effectue une seconde reconversion en devenant directeur de salle de ce même restaurant. Avec sa fidèle équipe, il propose un service de qualité à une clientèle d'habitués. Rigueur, simplicité, convivialité sont ses priorités de chaque jour avec pour seul objectif la satisfaction de ses clients. Thierry Jandard en salle et Nicolas Vernay en cuisine forment ainsi le binôme parfait pour proposer aux gourmets un accueil convivial et une cuisine raffinée.

VINCENT **LE ROUX**

L'AUBERGE DU PONT DE COLLONGES
RESTAURANT PAUL BOCUSE
40, quai de la Plage
69660 Collonges-au-Mont-d'Or
+33 (0) 4 72 42 90 90
www.bocuse.fr

Figure familière de l'Auberge du Pont de Collonges et pièce maîtresse de l'échiquier de l'empire Bocuse, Vincent Le Roux a d'abord été un serviteur expatrié de Monsieur Paul, avant d'intégrer le giron familial. Ce diplômé de l'école hôtelière de Dinard a ainsi commencé sa carrière en salle, sous le soleil de Floride, dans les établissements du groupe, à Orlando. Une expérience professionnelle qui le verra concilier le cœur et la raison, puisqu'il épousera Stéphanie Bernachon, petite-fille du pape de la gastronomie. Promu directeur du restaurant étoilé de Collonges dès 2007, Vincent Le Roux est ainsi depuis près de quinze ans le garant d'une certaine conception de la gastronomie française. Une approche perfectionniste dans laquelle les plaisirs de la table vont forcément de pair avec un service sans faille.

PHILIPPE **RISPAL**

INSTITUT LYFE
(anciennement Institut Paul Bocuse)
Château du Vivier
1a, chemin de Calabert
69130 Écully
formationcontinue.institutpaulbocuse.com

Responsable du pôle Arts de la table à l'Institut Lyfe et ardent défenseur des métiers du service et de la salle, Philippe Rispal incarne l'art de recevoir. Après avoir fait ses armes de sommelier auprès de Maryse Allarousse, à la grande époque du Panorama, à Dardilly, puis chez Guy Lassausaie et au château de Bagnols, il s'attache à mettre en valeur cette excellence depuis plus de vingt ans auprès des élèves d'une école dont il a contribué à l'essor international. Son engagement est récompensé en 2022 par le Prix de la transmission, décerné par l'association Ô service – Des talents de demain. Il œuvre aussi en faveur de l'intégration du handicap dans les métiers de bouche.

EMMANUEL **TACHON-FOLEY**

M RESTAURANT
47, avenue du Maréchal-Foch
69006 Lyon
+33 (0) 4 89 41 08 59
www.mrestaurant.fr

Il semblerait qu'en matière d'art de recevoir, tous les pas ramènent à Lyon. C'est ce que dessine le parcours du très affable Emmanuel Tachon-Foley, maître d'hôtel et sommelier du M Restaurant, la table de Julien Gautier et du Bouchon Sully, où ces deux figures de la restauration lyonnaise sont associées depuis 2014. Cette double casquette, symbole d'un savoir-faire porté à la perfection, Emmanuel Tachon-Foley est allé la glaner au gré d'expériences étoilées en France, chez Lassausaie, au Crocodile, à Strasbourg, chez La Mère Brazier et à l'international, de l'Angleterre à l'Australie. À chaque fois, il est revenu entre Rhône et Saône, trop attaché à son fief épicurien, dont il est devenu l'un des fervents ambassadeurs, incarnant à merveille l'hospitalité à la lyonnaise.

ENTRÉES

FOIE GRAS DE CANARD MI-CUIT À L'ORANGE CONFITE, GAUFRE MAISON À LA FLEUR DE SEL

CHRISTOPHE ALLARDON

RESTAURANT ALLARDON
16, Grande-Rue – 69800 Saint-Priest Village
+33 (0) 4 78 20 18 33
www.allardon.frr

Christophe Allardon, fils et petit-fils de cuisinier, perpétue la tradition familiale en proposant deux univers culinaires : côté cour, un restaurant bistronomique au cœur d'une terrasse confidentielle qui vous invite à la *zénitude*, côté place du vieux village, une brasserie conviviale, où l'on sert avec efficacité une cuisine traditionnelle de qualité. Parmi les spécialités appréciées, on compte le risotto crémeux de Saint-Jacques au piment d'Espelette, les grenouilles fraîches comme en Dombes, la gaufre de la grand-mère et sa sauce chocolat, maison, bien sûr !

Accord proposé par Gaëtan Bouvier

Domaine Camin Larredya
Jurançon 2015 « Au Capcéu »
Température de service : 10 °C

La mi-cuisson du foie gras et son fondant sont sublimés et tonifiés par les grains de petit manseng, cépage cher à Henri IV. Traditionnel et envoûtant.

Pour 8 personnes

Pour le foie gras
- 1 foie gras de canard cru (environ 600 g)
- 10 g de sel
- 5 g de poivre
- 1 pincée de sucre en poudre
- 2 cl de beaumes-de-Venise

Pour la marmelade d'oranges
- 1 orange
- 80 g de sucre en poudre

Pour les gaufres
- 300 g de pâte à gaufre
- 1 pincée de fleur de sel
- 1 pincée de graines de pavot

La marmelade d'oranges

Laver l'orange et la couper en gros morceaux. Faire cuire à feu doux, puis mixer grossièrement afin d'obtenir une marmelade contenant de petits morceaux. Séparer en 2 quantités égales, l'une pour garnir l'intérieur du foie gras, la seconde pour la « virgule » ornant l'assiette.

Le foie gras

Ouvrir le foie gras à la main et le déveiner. L'étaler sur du film alimentaire, puis incorporer le sel, le poivre et le sucre. Arroser le tout du beaumes-de-Venise et ajouter la marmelade d'oranges.
Rouler l'ensemble comme un gros bonbon dans le film. Doubler le film.
Faire cuire 11 min au bain-marie dans un four à chaleur pulsée à 170 °C environ. Laisser refroidir 72 h environ au réfrigérateur.

Les gaufres

Préparer une pâte à gaufre, incorporer la fleur de sel et les graines de pavot. Réaliser 1 gaufre ronde pour 4 personnes, ou plus s'il s'agit de gourmands.

Dressage

Présenter le foie gras sur sa tranche. Décorer les assiettes, par exemple en traçant une virgule de marmelade avant de déposer les gaufres.

AÏOLI MODERNE
CHRISTOPHE BACQUIÉ

LE MAS LES EYDINS
2420, chemin du Four – 84480 Bonnieux
+33 (0) 6 33 63 81 24
www.leseydins.com

En 2009, Christophe Bacquié, Meilleur Ouvrier de France 2004, s'installe en Provence avec son épouse, Alexandra, à l'Hôtel & Spa du Castellet, où il obtient deux étoiles l'année suivante. En 2018, il rentre dans le cercle très fermé des triples étoilés au *Guide Michelin*. Il est élu dans la foulée meilleur chef de l'année 2018 lors des Trophées du magazine *Le Chef*, et le *Gault & Millau* 2019 lui attribue la note de 19/20 et cinq toques. Après vingt ans d'étoiles au *Guide Michelin*, Christophe Bacquié et son épouse décident de s'engager dans une nouvelle aventure, plus personnelle. Depuis 2023, ils accueillent leurs clients entre champs de lavande, pins et oliviers, et réalisent enfin leur rêve : proposer une expérience culinaire intimiste et conviviale autour du goût, des saveurs. On retrouvera les plats signatures du chef : aïoli moderne, fleurs de courgette farcies, merlu de ligne aux truffes, pigeonneau au sang cuit en pâte à sel épicée, aux côtés de créations inspirés par les produits du Luberon.

Accord proposé par Gaëtan Bouvier

Domaine Tenuta Monte Ilice
Etna Bianco 2019, Sicile
Température de service : 14 °C

L'âme méditerranéenne conservée dans cette version de l'aïoli trouve son iode soutenu par les cépages carricante et catarratto. Une plongée dans la Grande Bleue depuis le volcan sicilien.

Pour 4 personnes

Pour le poulpe
- 760 g de poulpe de pêche locale
- Piment d'Espelette
- Sel rose de l'Himalaya
- Poivre blanc du moulin
- 20 g d'huile d'olive fruitée noire

Pour les légumes
- 1 petite betterave rouge
- 4 haricots verts
- 1 courgette verte
- 4 navets ronds fanes
- 2 cébettes taillées en biseau
- 80 g de sommités de chou-fleur
- 80 g de sommités de chou romanesco
- 4 pommes de terre grenailles
- 4 tomates cerises de différentes couleurs
- 2 carottes fanes
- 2 radis
- Gros sel marin
- 20 g d'huile d'olive fruitée noire
- Fumet de poisson
- Thym
- 1 gousse d'ail
- 10 g d'huile de citron
- 10 g d'huile de basilic
- Piment d'Espelette
- Sel rose de l'Himalaya
- Poivre de Timut
- Poivre blanc du moulin
- Fleur de sel

Pour l'aïoli et l'œuf
- 15 g de moutarde
- 50 g de jaune d'œuf
- 160 g d'huile de pépins de raisin
- 60 g d'huile d'olive fruitée noire
- Sel
- 60 g de beurre demi-sel fondu
- 10 g de vinaigre de Barolo
- 25 g de purée d'ail blanchi trois fois
- 1 gousse d'ail
- Poivre blanc du moulin
- 2 œufs de caille

Pour les finitions
- 12 suprêmes de pamplemousse
- 20 sommités de salicorne
- Huile de basilic
- Piment d'Espelette

Le poulpe
Décongeler, couper la tête et les tentacules, puis nettoyer toutes les aspérités des tentacules. Égoutter, sécher, assaisonner de sel rose, de poivre blanc du moulin et de piment d'Espelette, puis mettre sous vide avec l'huile d'olive. Faire cuire 3 h 45 au four vapeur à 80 °C.
Tailler les tentacules en jolis médaillons et assaisonner.

Les légumes
Cuire la betterave à part, enveloppée dans du papier aluminium, après l'avoir assaisonnée de gros sel marin, de poivre et d'huile d'olive.
Faire cuire les autres légumes (sauf les radis) dans un fumet de poisson avec l'huile de citron, puis les refroidir.
Couper les radis en quartiers, assaisonner d'huile fruitée noire, de fleur de sel et de piment.
Tailler les légumes de façon harmonieuse en morceaux de même taille.
Faire confire les pommes de terre dans de l'huile d'olive avec l'ail et le thym, puis les faire griller.
Monder les tomates en faisant une légère incision sur le haut du pédoncule pour obtenir un chapeau, puis assaisonner de fleur de sel, de piment d'Espelette et d'huile de basilic.
Les faire confire 2 h au four à 80 °C.

L'aïoli et de l'œuf

Mélanger la moutarde avec le jaune d'œuf et le sel, puis monter comme une mayonnaise avec les deux huiles et, en dernier, le beurre fondu.

Détendre avec le vinaigre et 5 g d'eau, puis ajouter la purée d'ail et râper l'ail par-dessus.

Assaisonner de poivre blanc du moulin, rectifier si besoin, passer au chinois étamine et mettre en siphon avec une cartouche de gaz. Placer au bain-marie à 55 °C.

Faire cuire les œufs de caille 8 min, les écaler et les couper en deux. Réserver.

Dressage

Dans des assiettes blanches, dresser harmonieusement les légumes, le poulpe, puis le pamplemousse et les salicornes. Dans un petit récipient tiède, déposer l'aïoli, puis finir avec de l'huile de basilic et du piment d'Espelette.

L'astuce du chef

Il est préférable de congeler le poulpe une quinzaine de jours avant.

CARPACCIO DE SAINT-JACQUES, FENOUIL MARINÉ AUX AGRUMES ET CLÉMENTINES CORSES

GRÉGOIRE BARATIER

LE JEAN MOULIN
45, rue de Sèze – 69006 Lyon
+33 (0) 4 78 37 37 97
www.lejeanmoulin-lyon.com

Installé au cœur du 6e arrondissement de Lyon, Grégoire Baratier régale les palais dans un cadre intimiste où les matériaux bruts font écho aux beaux produits que le chef valorise dans sa cuisine du marché, récompensée d'un Bib Gourmand depuis 2012. Ce cuisinier talentueux, primé Chef espoir de l'année aux Trophées de la gastronomie et des vins 2012, propose des classiques français, revisités avec élégance, dans une cuisine ouverte sur la salle, reflet de sa personnalité. Parmi les grands classiques du Jean Moulin, deux plats font sa renommée : la fricassée de ris de veau, accompagnée de champignons de saison, et l'étonnant parfait glacé au vin jaune, mousse légère aux cèpes.

Accord proposé par Gaëtan Bouvier

Domaine Tempus Vivendi
Rías Baixas Albariño 2018
Température de service : 12 °C

Le coquillage bien connu des pèlerins se rendant en Galice sera heureux de rencontrer cet albariño de vieilles vignes plantées en Espagne verte. Embruns atlantiques assurés.

Pour 3 personnes

- 1 citron
- 1 orange
- 1 pamplemousse
- 30 g de miel
- 45 g d'huile d'olive des Baux-de-Provence
- 3 fenouils
- 2 clémentines
- 9 noix de Saint-Jacques de la baie de Saint-Brieuc
- Fleur de sel
- Poivre de Timut
- 1 bouquet d'aneth
- Sel et poivre

Couper le citron en deux, puis en extraire le jus au presse-agrumes. Répéter l'opération avec l'orange et le pamplemousse. Verser les jus dans un cul-de-poule et ajouter le miel. Mélanger, puis incorporer l'huile d'olive afin d'obtenir une marinade. Assaisonner de sel et de poivre.

Laver et essuyer les fenouils, puis les tailler finement à l'aide d'une mandoline. Les placer dans un cul-de-poule et les assaisonner de la marinade.

Éplucher les clémentines et les détailler en segments. Les réserver au frais.

Tailler assez finement les noix de Saint-Jacques à l'aide d'un couteau.

Dans des assiettes, de préférence creuses, répartir le fenouil mariné. Disposer les Saint-Jacques en rosace et verser un peu de marinade dessus. Assaisonner de fleur de sel et de poivre de Timut. Surmonter de segments de clémentines et parsemer de quelques pluches d'aneth.

ŒUF CUIT BASSE TEMPÉRATURE
ANTHONY BAUD

LA QUINTESSENCE
31, rue du Bât-d'Argent – 69001 Lyon
+33 (0) 4 72 00 08 08
www.restaurant-laquintessence.fr

C'est dans un ancien réfectoire jésuite du XVIe siècle qu'Anthony Baud, élu Chef espoir de l'année aux Trophées de la gastronomie et des vins 2019, signe une cuisine gastronomique faite d'émotion, de cœur et de bons produits. Auteur, compositeur et interprète d'une cuisine lisible et sincère, Anthony Baud a enraciné sa signature dans des plats identitaires, francs et généreux, comme lui. L'œuf cuit basse température, petits pois et truffe en entrée et le ris de veau à la truffe, jus réduit et pommes dauphines truffées en plat sont les marqueurs d'une carte engagée pour le goût, sans concessions. Une cuisine d'inspiration classique dans la grande tradition française, repensée avec modernité et créativité.

Accord proposé par Gaëtan Bouvier

Umetsu San Shuzo
Junmaï Kimoto
Température de service : 37 °C

L'univers nippon associé à l'œuf, symbole de vie, et au diamant noir odorant ferait méditer plus d'un moine taoïste. Fascinant.

Pour 1 personne

- 1 œuf

Pour le crémeux de petits pois
- 1 échalote
- Huile d'olive
- Beurre
- 150 g de petits pois frais
- 30 g de lait
- 100 g de crème

Pour les croûtons
- 2 tranches de pain de mie
- 1 gousse d'ail
- Thym
- Romarin

Faire cuire l'œuf 47 min au four à 63 °C.

Le crémeux de petits pois
Mélanger l'échalote avec l'huile d'olive et le beurre. Ajouter les petits pois et faire revenir le tout à feu doux. Verser 50 g d'eau dans la poêle et laisser réduire de trois quarts. Ajouter le lait et la crème, puis laisser cuire 10 min. Mixer le tout et passer au chinois étamine pour enlever la peau des petits pois.

Les croûtons
Couper le pain de mie en cubes. Les placer sur une plaque Gastronorme avec l'huile, les herbes et l'ail. Enfourner pour 8 min à 180 °C.

Dressage
Dans une assiette, dresser le crémeux de petits pois, l'œuf, les croûtons et les petits pois restants cuits à l'eau salée.

ASPERGES VERTES, ESCARGOTS ET AIL DES OURS

JORDAN BILLAN

CLOS DU CÈDRE
10, boulevard Maréchal-Foch
21200 Beaune
+33 (0) 3 80 24 01 01
www.cedrebeaune.com

Hébergé dans une magnifique maison de maître vigneronne du XIXe siècle attenante à l'Hostellerie Cèdre & Spa, le restaurant Clos du Cèdre, dirigé par le chef Jordan Billan, invite ses clients à apprécier une cuisine inventive et parfumée puisant son inspiration aux sources du terroir bourguignon. Entre tradition d'hier et création de demain, ce chef talentueux, distingué d'une étoile au *Guide Michelin*, met à l'honneur les producteurs locaux dans sa cuisine de saison et donne de l'extravagance à ses assiettes, à l'image du boudin noir aux Saint-Jacques et des autres accords étonnants de son menu Création. Une alchimie qui fait mouche auprès des convives, tout heureux de profiter de la légendaire hospitalité locale et des 1 000 références de la carte des vins.

Accord proposé par Maxime Valéry

Domaine Vacheron
Sancerre Les Romains 2019
Température de service : 12-14 °C

J'aime amener du végétal et de la fraicheur dans un plat mettant à l'honneur les asperges. La cuvée Les Romains de Laurent Vacheron, assortie à leur caractère végétal frais et noble, les accompagne olfactivement. La bouche révèle une tension marquante tandis que les asperges tranchent la texture des escargots et adoucissent la puissance de l'ail des ours.

Pour 4 personnes

- 15 asperges vertes calibre 16/22

Pour la sauce verte
- 1 bouquet d'ail des ours
- Huile d'olive
- Vinaigre balsamique blanc
- Sel et poivre

Pour les escargots
- 20 escargots de Bourgogne
- Garniture aromatique
- Bouquet garni
- 50 g de beurre
- Persil
- Ail des ours

Pour l'accompagnement
- Pain de mie
- 4 gousses d'ail
- Thym
- 100 g de mousserons
- 1 œuf dur
- Réduction de vinaigre balsamique
- Pousses de moutarde

Les asperges

Casser la partie ferme (bois) située à la base des asperges. Écussonner en enlevant les petits picots à l'aide d'un couteau d'office et les couper à environ 7 cm de longueur. Les éplucher sur 2 cm environ et garder les parures ainsi que les morceaux détaillés pour la sauce. Mettre 2 asperges crues de côté afin d'agrémenter les assiettes de quelques copeaux.
Faire cuire les autres asperges à l'anglaise dans une eau chaude salée (voir astuce). Elles doivent rester croquantes. Les refroidir dans un bain d'eau glacée, puis réserver.

La sauce verte

Faire cuire les parures d'asperges réservées et l'ail des ours dans une casserole d'eau bouillante et salée. Mixer le tout en montant à l'huile d'olive.
Laisser refroidir et réserver au frais afin de garder une belle couleur verte et de fixer la chlorophylle. Rectifier l'assaisonnement avec du sel, du poivre et une pointe de vinaigre.

Les escargots

Plusieurs producteurs de la région proposent des escargots déjà court-bouillonnés. Si ce n'est pas le cas, les faire cuire dans un court-bouillon 20 min environ avec une garniture aromatique et un bouquet garni.
Avant de servir, dans une poêle, faire sauter les escargots avec le beurre, de l'ail des ours ou du persil pour les plus classiques.

Dressage

Répartir les asperges tiédies sur le côté des assiettes et la sauce au centre. Ajouter les escargots juste poêlés sur le dessus et enfin l'accompagnement, harmonieusement.

Accompagnement

Je suggère, pour accompagner ces beaux produits, quelques petits croûtons revenus avec un peu d'ail et de thym ; des champignons des bois que vous aurez rencontrés en allant cueillir l'ail des ours en forêt, si vous êtes chanceux ; 1 jaune d'œuf haché pour apporter de la gourmandise ; quelques pointes de réduction de vinaigre balsamique pour apporter de l'acidité, et des pousses de moutarde pour relever le tout.

L'astuce du chef

Pour préserver la belle couleur des asperges, privilégiez une cuisson à l'anglaise. Plongez-les dans une casserole d'eau bouillante salée. Une fois qu'elles sont cuites, arrêtez la cuisson en les plongeant dans un bain d'eau glacée. Vous fixerez ainsi la chlorophylle des légumes, qui garderont leur couleur d'origine. Par ailleurs, en les gardant croquants, vous conservez leurs qualités gustatives et leurs vitamines.

LES CRÊPES VONNASSIENNES
FRÉDÉRIC BLANC

RESTAURANT GEORGES BLANC
Place du Marché – 01540 Vonnas
+33 (0) 4 74 50 90 90
www.georgesblanc.com

Au firmament des tables françaises depuis 150 ans, la constellation Blanc brille sans démériter depuis 1872. Cette histoire du goût se raconte dans un musée en plein air, où le public découvre le fabuleux parcours des cinq générations qui ont fait la réputation de cette emblématique maison, triplement étoilée depuis 1981. Dans le village gourmand de Vonnas, la table de Georges Blanc symbolise l'excellence et la tradition revisitée autour de grands produits, dans le respect de la saisonnalité. Désormais, Frédéric Blanc encadre la cuisine et l'achat des produits frais, tout en coordonnant le service et en donnant des cours de cuisine.

Accord proposé par Gaëtan Bouvier

Domaine Guillot-Broux
Mâcon Cruzilles Les Perrières 2018
Température de service : 12 °C

Cette crêpe parmentière, symbole de transmission culinaire, aime les appellations viticoles voisines. Exquis classique, rassurant.

Pour 8 personnes

- 500 g de pommes de terre (à chair blanche de préférence)
- Crème liquide 30 % MG
- 3 c. à soupe de farine
- 3 œufs
- 4 blancs d'œufs
- 2 c. à soupe de crème épaisse
- Beurre clarifié
- Sucre en poudre
- Sel

Faire cuire les pommes de terre à l'eau salée. Préparer une purée en ajoutant un peu de crème liquide. Laisser refroidir.

Ajouter la farine. Incorporer successivement les œufs, les blancs d'œufs et la crème épaisse. Mélanger le tout afin que la pâte prenne une consistance entre la crème pâtissière et la crème anglaise.

Placer du beurre clarifié dans une poêle bien plate à feu vif. Lorsqu'il est très chaud, verser 1 c. à soupe de pâte et laisser le rond se former seul.

Lorsque la coloration apparaît sur les bords, retourner à l'aide d'une spatule ; la cuisson est ensuite terminée. Déposer sur une feuille de papier absorbant.

Servir en accompagnement ou en entremets, saupoudré de sucre en poudre.

TERRINE DE PINTADE AU CHOU ET À LA SAUCISSE DE MORTEAU

DAVID CANO

LES CULOTTES LONGUES
42, rue Sala – 69002 Lyon
+33 (0) 4 78 37 13 00

Repaire d'antiquaires fut un temps, le restaurant Les Culottes Longues continue de régaler les palais les plus gourmands dans le quartier historique d'Ainay. Autour d'un escalier en « colimâchon », comme aurait dit l'historien lyonnais Félix Benoit, et face à la cuisine ouverte, les convives ripaillent joyeusement à des tables en marbre nappées de tissu. Dans une ambiance conviviale et détendue, David Cano « cuisine comme il mange », avec passion et générosité, des plats traditionnels aussi généreux que régressifs : duo de ris de veau et de rognons, viandes maturées, pâté-croûte, terrine, cervelle de canut, tarte aux fruits, ainsi que gibier en hiver. Ici, tout est recherche du plaisir !

Accord proposé par Gaëtan Bouvier

Domaine Berthet-Bondet
Château-Chalon 2003
Température de service : 15 °C

Le goût fumé et hypnotique de cette saucisse jurassienne réclame un goût de jaune pour lui donner réponse. Un clavelin risque de ne pas suffire.

Pour 8 personnes

- 4 filets de pintade
- 300 g de gorge de porc
- 4 saucisses de Morteau
- 200 g de foies de volaille
- 200 g de choucroute cuite
- 1 oignon haché
- 50 g de persil
- 1 c. à café de porto
- 1 c. à café de cognac
- 20 tranches de lard finement tranchées
- Sel et poivre

Mixer tous les ingrédients, sauf le lard. Saler et poivrer, puis mélanger.

Barder la terrine de lard. Ajouter les ingrédients mixés. Enfourner pour 1 h 45 à 200 °C.

Laisser reposer toute une nuit au frais. Déguster !

PÂTÉ-CROÛTE, INSERT DE FOIE GRAS
JÉRÉMIE CRAUSER

MAISON CRAUSER | BELLO
42, rue Franklin – 69002 Lyon
+33 (0) 4 78 37 09 97
www.crauserbello.com

Le chef charcutier Jérémie Crauser a fait ses armes à Nancy, Paris et Lille, avant de voler de ses propres ailes comme consultant en salaison. Sa rencontre avec le boucher lyonnais Frédéric Bello est déterminante, car ils décident de reprendre ensemble la charcuterie Montaland, en 2020, et de fonder Crauser | Bello. Deux ans plus tard, ce géant au cœur tendre est devenu un gone « pur jus ». Quenelles, saucissons briochés, cervelas pistachés ou truffés, andouillettes à la fraise de veau, gratins, cardons... trônent chaque jour sur son étal. Infatigable et déterminé, Jérémie Crauser relance la fabrication artisanale de saucisson de Lyon, de jésus et de rosette. Passionné de pâté-croûte, il propose oreiller de la belle Mathilde ou de la belle Aurore en saison. Il est même devenu, en décembre 2022, vice-champion du monde de pâté-croûte.

Accord proposé par Maxime Valéry

Domaine Louis Claude Desvignes
Morgon Corcelette 2017
Température de service : 12-14 °C

Un accord qui allie gourmandise et plaisir : on reprendra sans complexe une généreuse part de pâté-croûte et une autre bouteille de Corcelette.

Pour 12 personnes

Pour la pâte brisée
- 1,4 kg de farine
- 800 g de beurre
- 3 œufs
- 30 g de sucre en poudre
- 20 cl d'eau
- 25 g de sel

Pour la gelée
- 70 cl de consommé double de volaille
- 20 g de vin jaune

Pour la farce
- 80 g de fondue d'échalotes
- 340 g de filets de poulet de Bresse
- 340 g de filets de canard des Dombes
- 270 g de cuisses de poulet de Bresse
- 820 g de gorge de porc fermier
- 2 g de quatre-épices
- 45 g de vin jaune
- 110 g de foies blonds de volaille de Bresse
- 170 g de cœurs de canards
- Cognac
- 80 g de lard de porc noir
- 120 g de morilles
- Beurre
- 75 g de pistaches vertes de Bronte
- 60 g d'œufs
- 100 g de crème de Bresse
- 30 g de sel
- 4 g de poivre

Pour l'insert de foie gras
- 500 g de foie gras de canard
- 25 g de crème de cassis
- 7 g de sel
- 1 g de poivre

L'avant-veille

Préparer la pâte brisée et la réserver au réfrigérateur.
Préparer le consommé double de volaille et le gélifier si besoin en ajoutant le vin jaune juste avant d'arroser le pâté-croûte. Préparer la fondue d'échalotes.
Dénerver les filets de poulet et de canard, puis les tailler en dés. Assaisonner et réserver au frais. Désosser les cuisses de poulet et les dénerver. Tailler la gorge de porc en cubes, ainsi que la chair des cuisses de poulet.
Assaisonner de sel et des épices, ainsi que le vin jaune.
Faire sauter les foies blonds de volaille en gardant le centre rosé.
Parer les cœurs de canards, puis les faire sauter à la poêle et flamber au cognac. Les tailler en brunoise, ainsi que le lard de porc noir.
Réhydrater les morilles, les ouvrir en deux et les laver soigneusement. Les faire sauter au beurre, puis les ciseler.
Couvrir la mise en place et les viandes préalablement assaisonnées au contact avec du film alimentaire et réserver au réfrigérateur.
Mettre le foie gras en marinade avec le sel, les épices et la crème de cassis. Mélanger intimement et réserver au frais.

La veille

Réaliser un insert rond de foie gras. Répartir le foie gras sur une feuille de film alimentaire et rouler de manière à obtenir un cylindre de la longueur du moule.
Réserver au congélateur afin de le faire durcir.
Passer au hachoir la gorge de porc, la chair des cuisses

de poulet, les foies blonds et la fondue d'échalotes.
Dans une calotte, rassembler les dés de poulet et de canard, ainsi que la mise en place préparée précédemment et la viande hachée. Mélanger intimement.
Ajouter les œufs et la crème. Terminer de lier la farce.
Abaisser la pâte brisée jusqu'à obtenir une épaisseur de 4 à 5 mm, la couper aux dimensions du moule et découper un chapeau. Foncer dans le moule à pâté-croûte (40 cm) graissé.
Garnir le moule à moitié de farce, placer l'insert de foie gras et ajouter le reste de farce. Placer le chapeau sur le pâté, chiqueter et dorer au jaune d'œuf. Découper 4 cheminées dans le chapeau et réserver 2 h.

Préchauffer le four à 220 °C et cuire 25 min, puis baisser la température du four à 180 °C et poursuivre la cuisson jusqu'à une température à cœur de 64 °C.
Sortir le pâté du four. Faire bouillir la gelée et en arroser le pâté jusqu'au ras des cheminées. Laisser refroidir 30 min à température ambiante, puis réserver toute une nuit au réfrigérateur.

Le jour même

Finir de remplir le pâté avec la gelée restante et réserver au réfrigérateur jusqu'à prise complète. Démouler le pâté prudemment (si besoin, faire chauffer les côtés du moule à l'aide d'un chalumeau).

JAMBON PERSILLÉ À LA BOURGUIGNONNE

LUC DERVIEUX

AUBERGE DES GRENOUILLATS
Le Bourg
71260 Saint-Maurice-de-Satonnay
+33 (0) 3 85 33 40 50

C'est au cœur du terroir mâconnais que Luc Dervieux perpétue la tradition, avec ses fameuses grenouilles, qui ont donné le si joli nom à son auberge. Après avoir travaillé aux côtés de grands chefs lyonnais, tels Jean-Paul Lacombe, Bernard Constantin ou encore Philippe Chavent, Luc Dervieux continue de régaler ses convives avec des plats pleins de gourmandise, à l'image de la côte de veau fermière Label Rouge, taillée épaisse dans le carré et accompagnée d'un gratin de macaronis à la lyonnaise. Fervent défenseur de la saisonnalité, le chef propose une carte courte qui change régulièrement, avec quelques spécialités bien ancrées : cuisses de grenouilles fraîches en persillade, foie gras de canard, pâté-croûte, bœuf charolais, volaille de Bresse...

Accord proposé par Arnaud Chambost

Domaine Michel
Viré-Clessé cuvée Tradition 2021
Température de service : 11-12 °C

La fraîcheur, la rondeur et la complexité du chardonnay de Clessé se complaisent dans ce mariage heureux requérant la mâche du jambon goûteux, combinée à sa gelée rafraîchissante et aromatique.

Pour 8 personnes

- 2,5 kg de noix de jambon cru
- 2 carottes
- 1 oignon
- 2 clous de girofle
- 1 bouquet garni
- 1 bouteille de bourgogne aligoté
- 1 pied de veau
- 1 grosse botte de persil plat
- 5 cl de vinaigre de vin
- Sel, poivre en grains et poivre moulu

Faire dessaler la noix de jambon à l'eau claire pendant 4 h en changeant l'eau toutes les heures.

Éplucher les carottes et les couper en rondelles. Couper l'oignon en deux et le piquer des clous de girofle.

Dans une grosse marmite, préparer un bouillon avec les carottes, l'oignon, le bouquet garni, le vin, 2 l d'eau et du poivre en grains. Porter à ébullition, puis y plonger le jambon et le pied de veau. Laisser cuire 2 h à petit frémissement.

Égoutter le jambon, puis ôter le pied de veau et la garniture aromatique. Passer le bouillon au chinois étamine et le faire réduire à feu vif pour obtenir environ 60 cl de liquide.

Ciseler le persil pas trop finement. Couper le jambon en gros dés en retirant le gras.

Ajouter le persil, le vinaigre, du poivre moulu et éventuellement un peu de sel dans le bouillon.

Placer la viande dans une terrine et recouvrir du bouillon tiède. Laisser refroidir au frais jusqu'à ce que la gelée soit prise.

Démouler sur un plat et servir bien frais avec une salade assaisonnée d'huile de noix.

MAKI DE SPAGHETTI, FOIE GRAS DE CANARD ET CHUTNEY DE MANGUE

CHRISTOPHE FOULQUIER

C-GASTRONOMIE
38, route de Brignais – 69630 Chaponost
+33 (0) 4 37 64 64 54
www.c-gastronomie.fr

Épaulé par une brigade de 120 collaborateurs, Christophe Foulquier, traiteur événementiel pour particuliers et professionnels, met également à la disposition de sa clientèle cinq boutiques traiteur et deux restaurants Maison Savoure en région lyonnaise. L'offre gastronomique, dont les recettes inventives se renouvellent, est large : des pièces cocktails au buffet complet, en passant par des plats cuisinés et des coffrets repas préparés quotidiennement. Selon le chef doublement étoilé Mathieu Viannay, « la force de C-Gastronomie réside dans son adaptabilité, son professionnalisme et son amour du travail ». C'est pourquoi C-Gastronomie accompagne de nombreux chefs étoilés lors d'événements prestigieux.

Pour 45 pièces

- 500 g de foie gras de canard
- 10 cl de jus de truffes, de cognac ou d'armagnac
- 100 g de spaghetti
- Pain aux raisins
- Cubes de mangue
- Céleri-branche
- Pétales de fleur
- Sésame grillé
- Fleur de sel et poivre du moulin

La veille, mettre le foie gras déveiné à mariner 1 h dans le jus de truffes, de cognac ou d'armagnac.

Assaisonner le foie gras et le rouler dans du film alimentaire pour obtenir un diamètre de 2 cm. Faire cuire 16 min à la vapeur ou au bain-marie, à 67 °C. Laisser refroidir et réserver toute une nuit au réfrigérateur, à 3 °C.

Le jour même, cuire les spaghetti al dente et les égoutter. Les aligner les uns contre les autres sur un carré de film, puis déposer le foie gras sur la partie inférieure des pâtes. Rouler délicatement et laisser reposer 2 à 3 h à 3 °C.

Lustrer le rouleau avec un peu de jus de truffes. Découper des makis de 3 cm d'épaisseur, puis décorer harmonieusement de croustilles de pain au raisin, de cubes de mangue, de feuilles de céleri, de pétales de fleur et de sésame grillé.

Accord proposé par Laurent Derhé

Domaine Paul Ginglinger
AOC Gewurztraminer Grand Cru
Eichberg 2018
Température de service : 10 °C

Le fruit et la noblesse du gewurztraminer associés à la douceur et à l'exotisme du plat.

TATINS DE PIEDS DE COCHON ET ESCARGOTS

CÉDRIC GARIN

LE BOUCHON DES CORDELIERS
15, rue Claudia – 69002 Lyon
+33 (0) 4 78 03 33 53
www.bouchondescordeliers.com

Au cœur de la Presqu'île, dans le quartier des Cordeliers, Cédric Garin défend ardemment ses origines lyonnaises. Formé à l'excellence auprès des chefs Christian Têtedoie, Pierre Troisgros et Patrick Henriroux, cet amoureux des bons produits, frais et de saison, a fait le pari de moderniser le bouchon. Dans un décor rétro et coloré, les emblématiques œufs en meurette, tatin de pieds de cochon et escargots, tablier de sapeur et quenelle lyonnaise partagent la vedette avec des plats réconfortants qui changent régulièrement, à l'image du paleron de veau confit et risotto au saint-marcellin. Il est recommandé de ne pas quitter les lieux sans avoir apprécié le baba au vieux rhum arrangé à la vanille ou une part de tarte à la praline.

Accord proposé par Laurent Derhé

Jean-Paul Brun
Beaujolais blanc 2021
Température de service : 10 °C

Un accord canaille avec ce chardonnay du beaujolais, pour bien commencer un repas.

Pour 6 personnes

- 3 pieds de cochon
- 1 bouquet garni (thym, laurier, céleri, queues de persil)
- 1 carotte
- 1 oignon
- 4 clous de girofle
- 10 g de poivre en grains
- 12 g de sel
- 3 échalotes moyennes
- 80 g de beurre
- 200 g d'escargots de belle grosseur
- 5 cl de pastis
- 50 g de moutarde à l'ancienne
- 50 g de persil
- 12 tranches de poitrine fumée
- 30 g de mesclun
- 50 cl de vinaigre balsamique
- Pâte filo
- Sel et poivre

Dans une casserole, placer les pieds de cochon et mouiller à hauteur avec de l'eau froide. Ajouter le bouquet garni, la carotte, l'oignon piqué des clous de girofle, le poivre en grains et le sel. Faire cuire doucement pendant 4 h environ. Égoutter les pieds de cochon et les décortiquer à chaud.

Ciseler les échalotes. Dans une sauteuse, les faire suer au beurre sans coloration.
Rincer les escargots, les couper en deux et les faire suer avec les échalotes. Déglacer au pastis et laisser réduire à sec.
Ajouter les pieds de cochon décortiqués et coupés en menus morceaux. Incorporer la moutarde à l'ancienne et le persil. Saler et poivrer.

Chemiser 6 cercles à pâtisserie de 8 cm de diamètre avec 2 tranches de poitrine fumée. Garnir de la préparation et réserver 20 min au réfrigérateur.

Enfourner les tatins pour 6 min environ à 200 °C.
Dresser dans les assiettes avec une poignée de mesclun et décorer de perles de vinaigre balsamique. Compléter la décoration avec 2 ailes de pâte filo, beurrées et colorées au four.

ŒUFS CROUSTILLANTS, CÈPES, JAMBON IBÉRIQUE ET PARMESAN

JULIEN GAUTIER

M RESTAURANT
47, avenue Foch – 69006 Lyon
+33 (0) 4 89 41 08 59
www.mrestaurant.fr

Julien Gautier a été sensibilisé très tôt au goût des bonnes choses et des bons produits dans une ambiance familiale de bon aloi, avant de passer par les cuisines du Léon de Lyon de Jean-Paul Lacombe. Goût qu'il défend en travaillant chaque jour des produits de qualité, frais et de saison, pour donner vie à une cuisine qui mêle innovation et inspiration. À l'ardoise, des suggestions autour de produits nobles (gibier, homard) et des classiques qui réchauffent les cœurs, tels le lièvre à la royale et l'oreiller de la belle Aurore, que l'on déguste dans un décor chic et chaleureux. Un savoir-faire récompensé par un Bib Gourmand depuis 2009.

Accord proposé par Laurent Derhé

Lustau
D.O. Jerez Amontillado del Puerto
Température de service : 10 °C

Un vin sec et intense en accord avec un plat haut en couleur.

Pour 8 personnes

- 8 œufs + 1 pour paner
- 1,5 kg de cèpes
- 50 g de cèpes séchés
- Huile d'olive
- Beurre
- 2 échalotes
- 1 gousse d'ail
- 200 g de fond blanc
- 200 g de crème liquide 30 % MG
- 4 tranches très fines de jambon ibérique
- 200 g de parmesan en bloc
- Cerfeuil
- Sel et poivre

Faire cuire les œufs 6 min (ils doivent être mollets) et les plonger immédiatement dans une eau glacée. Écaler et réserver.

Paner les œufs à l'anglaise en les passant successivement dans la farine, l'œuf battu et la chapelure. Réserver.

Nettoyer les cèpes et réserver.

Trier les plus beaux cèpes, en tailler quatre en deux et réserver. Couper deux autres champignons à la mandoline afin d'obtenir 16 lamelles et réserver au frais.

Réhydrater les cèpes séchés dans un bol d'eau.
Poêler les quartiers de cèpes à l'huile d'olive et au beurre.

Éplucher les échalotes et l'ail. Les tailler en dés et les faire suer.

Tailler le reste des cèpes en cubes. Les poêler avec de l'huile d'olive et du beurre. Réserver sur une plaque.

Ajouter la moitié des champignons poêlés et les faire compôter avec les échalotes. Prévever la moitié des champignons poêlés, ajouter le fond blanc, la crème et les cèpes réhydratés. Porter à ébullition, puis mixer au blender et réserver au bain-marie.

Faire frire les œufs 1 min à l'huile à 180 °C.

Dans des assiettes creuses, disposer en cercle les cèpes poêlés et poser les œufs frits au-dessus. Ajouter la crème de cèpes, les deux demi-cèpes réservés, les lamelles de cèpes assaisonnés à l'huile d'olive, le jambon ibérique en chiffonnade, le parmesan en copeaux et le cerfeuil.

CARPACCIO DE GAMBERONIS, CAVIAR MAISON PETROSSIAN ET HUILE DE CACAHUÈTE GRILLÉE

EUGÉNIE GUILLERMIN

INSTITUT LYFE EXECUTIVE EDUCATION
(anciennement Centre de formation continue de l'Institut Paul Bocuse)
Château du Vivier – 1a, chemin de Calabert
69130 Écully
formationcontinue.institutlyfe.com

Eugénie Guillermin, venue aux fourneaux par le plus beau des hasards, a très vite embrassé une trajectoire d'excellence : c'est en effet auprès de Philippe Bouissou, le chef doublement étoilé des Terrasses d'Uriage, qu'elle a parfait sa formation. La suite s'est écrite sous la toque atypique de conseillère culinaire, dans l'agencement et l'accompagnement de cuisines professionnelles pour des chefs étoilés, des cuisines de restauration collective, puis dans l'organisation d'événements gastronomiques. Depuis 2018, elle exerce ses talents d'organisatrice d'événements au sein de l'Institut Lyfe Executive Education (anciennement Centre de formation continue de l'Institut Paul Bocuse) où elle se distingue également en tant que cheffe formatrice, en accompagnant étudiants et adultes en reconversion. Passionnée de gastronomie et experte culinaire, Eugénie Guillermin aime avant tout prendre part à de nombreux projets dans le secteur de la restauration. Durant la pandémie en 2021, elle réunit toute une profession autour de La Caravane des Chefs, pour réchauffer les cœurs et les appétits. En 2022, elle s'est lancé un nouveau défi avec l'ouverture d'un restaurant éphémère à Megève pour la saison hivernale, le Elles Bistrot!

Pour 8 personnes

- 16 gros gamberonis frais de Méditerranée
- Huile de cacahuète grillée
- Cacahuètes
- 50 g de caviar Ossetra Tsar Impérial Maison Petrossian
- Pluches de fanes de carottes
- Piment d'Espelette
- Sel et poivre

Décortiquer les gamberonis et mettre les queues au frais.

Écraser les têtes et les mettre dans l'huile de cacahuète grillée tiède, puis assaisonner de sel et de poivre.
Laisser mariner une demi-journée.

Découper très finement les queues de gamberonis en carpaccio dans la longueur ; pour cela, il faut qu'elles soient très froides.
Faire griller les cacahuètes 15 min au four à 180 °C.
Assaisonner, laisser refroidir et les écraser de façon à obtenir des petits morceaux.

Dresser les gamberonis dans les assiettes.
À l'aide de deux cuillères à café, former 1 quenelle de caviar. Ajouter quelques pluches de fanes de carottes.
Assaisonner d'une pincée de piment d'Espelette.
Saler, poivrer et arroser de gouttes d'huile aromatisée aux gamberonis.

Accord proposé par Laurent Derhé

Domaine Philippe Gilbert
Menetou-Salon Blanc 2021
Température de service : 10 °C à 12 °C

Ce carpaccio appréciera les notes d'agrumes acidulées, ainsi que la vivacité et la tension du cépage sauvignon issu de ce très beau terroir du Val de Loire.

TATINS D'OIGNON JAUNE, SAUCE À LA FOURME D'AMBERT ET POITRINE DE PORC SÉCHÉE

STÉPHAN KUCHAREK

L'HISTOIRE CONTINUE
133, rue de Sèze – 69006 Lyon
+33 (0) 4 72 81 66 93
www.lhistoirecontinue.fr

Forts d'une expérience d'une vingtaine d'années en tant que restaurateurs, puis traiteurs, Marion Suffet et Stéphan Kucharek ont décidé de prolonger leur histoire à Lyon en 2019, en créant un concept de restaurant-bar chic et chaleureux. Dans un décor moderne et décontracté, on s'y repaît aujourd'hui d'une belle cuisine bistronomique, axée sur des produits locaux de qualité et de saison, révélant toute la dextérité du chef pour les sauces et les condiments. Au menu, on se délectera de l'incontournable marbré de foie gras de canard, servi avec son condiment de fruits de saison, ou des calamars à la bourguignonne mijotés dans du vin rouge. Voilà une adresse qui plaira aux amateurs de surprises et d'accords sortant des sentiers battus.

Accord proposé par Maxime Valéry

Churchill's
Crusted Port Bottled in 2006
Température de service : 10-12 °C

Ce porto assez rare offre un plaisir immédiat, avec un nez presque giboyeux pour accompagner l'échine, une bouche d'une noble sucrosité pour contraster avec la sauce et une pointe végétale pour mettre en valeur l'oignon.

Pour 6 personnes

Pour la pâte brisée
- 500 g de farine T55
- 290 g de beurre
- 80 g d'œuf
- 10 cl d'eau
- 10 g de sel
- 2 g de poivre

Pour la sauce
- 120 g de fourme d'Ambert
- 1,2 l de lait
- 50 cl d'huile
- Poivre du moulin

Pour les tatins
- 3 gros oignons jaunes bio
- 30 g de beurre
- 12 g de vergeoise
- 30 cl de vinaigre de cidre
- Sel et poivre

- 18 tranches de poitrine de porc séchée

La pâte brisée (la veille)
Filmer et réserver toute une nuit au réfrigérateur.

La sauce (le jour même)
Mixer ensemble la fourme d'Ambert, le lait et l'huile au blender. Poivrer et réserver.

Les tatins
Couper les oignons en deux.
Dans une sauteuse, faire fondre le beurre, puis ajouter la vergeoise, le vinaigre et 90 cl d'eau. Déposer les oignons côté cœur et laisser cuire 20 min à feu doux et à couvert.
Débarrasser les oignons et réserver le jus.
Répartir les oignons dans 6 moules à tartelettes. Arroser du jus de réduction et recouvrir d'un rond de pâte brisée.
Enfourner pour 30 min à 160 °C.

Dressage
Servir les tatins tièdes, accompagnées de sauce et de fines tranches de poitrine séchée.

RAVIOLES DE CHAMPIGNONS ET MORILLES EN ÉMULSION

ÉRIC LAMBOLEZ

JEAN BROUILLY
3 ter, rue de Paris – 69170 Tarare
+33 (0) 4 74 63 24 56
www.restaurant-brouilly.com

Dans la ville au dynamisme croissant de Tarare s'élève une belle demeure, érigée en 1906 et tenue jusqu'en 2007 par le chef étoilé Jean Brouilly. Après seize années à officier en qualité de chef de cuisine au château de La Tour-de-Salvagny, c'est dans ce lieu chargé d'histoire qu'Éric Lambolez et son épouse, Marie-José, sont venus proposer une cuisine classique et raffinée. Escalope de ris de veau poêlée, béarnaise verveine et citron confit, tronçon de filet de bœuf doré en cocotte, fritot de moelle et coulis de porto... Les clients apprécient les assiettes lisibles et généreuses mettant en valeur des produits nobles, tels le homard et le daguet, que le chef travaille de différentes façons.

Accord proposé par Arnaud Chambost

Domaine Thomas Kuhnel
Moulin à Vent Les Vérillats 2019
Température de service : 15-16 °C

Ce mets succulent et aérien, dominé par les saveurs de sous-bois, mérite un vin franc, généreux et marqué par la subtilité des tanins. Ce gamay, d'une grande finesse, est le partenaire privilégié.

Pour 8 personnes

Pour la pâte à ravioles
- 500 g de farine
- 3 œufs + 2 jaunes
- 5 cl d'eau
- 5 cl d'huile d'olive
- 2 g de poudre de cèpes séchés

Pour la farce de champignons
- 400 g de champignons (selon la saison)
- 5 cl d'huile d'olive
- 1 échalote
- 1 gousse d'ail
- Persil
- 20 g de beurre
- 20 g de farine
- 20 cl de crème fleurette
- Sel et poivre

Pour l'émulsion de morilles
- 200 g de morilles fraîches ou 40 g de morilles jumbo séchées
- 20 cl de crème fleurette

La pâte à ravioles
Mélanger tous les ingrédients et travailler la pâte 10 min pour la rendre bien élastique.

La farce de champignons
Faire sauter les champignons nettoyés à l'huile d'olive. Ajouter l'échalote, l'ail et le persil ciselés, puis égoutter. En réserver la moitié ainsi que le jus. Préparer un roux blond avec le beurre et la farine. Ajouter le reste des champignons et la crème. Faire épaissir et assaisonner.

Étaler la pâte à ravioles finement et la détailler en ronds de 10 cm. Mouiller les bords à l'eau, déposer 1 cuillerée de farce de champignons au centre de chaque rond et plier pour former des ravioles.

L'émulsion de morilles
Réhydrater les morilles en les laissant bouillir 5 min dans le jus des champignons. Faire réduire le jus de moitié, ajouter la crème et réserver au chaud sans faire cuire.

Faire cuire les ravioles 5 min à l'eau bouillante salée.

Dans des assiettes creuses, dresser 3 ravioles sur la fricassée de champignons réservée et placer les morilles au centre. Émulsionner la crème de morilles et napper.

TRUFFES EN CROÛTE ÉDOUARD LOUBET

LE GRIZZLY
Plateau de Beauregard – 74220 La Clusaz
+33 (0) 6 12 80 35 13 (par SMS)
+33 (0) 4 50 23 79 44
contact@legrizzlybeauregard.fr
www.legrizzlybeauregard.fr

Soucieux d'écologie et de bien-être, Édouard Loubet ne laisse rien au hasard, et chaque détail est le reflet de sa philosophie : « La saveur de l'authentique en toute liberté. » Toute l'essence de sa cuisine est résumée en ces quelques mots. Ce surdoué, originaire de Val Thorens, disciple d'Alain Chapel, plus jeune chef de France étoilé à 24 ans, doublement étoilé depuis 1999, élu chef de l'année en 2011 par le *Gault & Millau*, a décidé de changer de voie en 2020. Il revient aux fourneaux au restaurant Le Grizzly, sur le plateau de Beauregard, au sein du domaine skiable de La Clusaz, où il propose des plats montagnards, faits maison, dans une ambiance de chalet d'alpage, où la vue est à couper le souffle.

Accord proposé par Maxime Valéry

Giacomo Conterno
Barolo Reserva Monfortino 1990
Température de service : 14-16 °C

Les grands plats méritent de grands vins. Après quelques années, le Monfortino enivre celui qui le déguste d'effluves de truffe noire, de sous-bois et de cuir. En bouche, les tanins sont d'un velours incomparable et l'acidité naturelle du nebbiolo vient chatouiller les papilles. *Buon appetito!*

Pour 6 personnes

Pour les truffes en croûte
- 6 truffes de 35 g
- 200 g de feuilletage

Pour la mousse de foie gras
- 150 g de foie gras
- 2 cl de porto
- 2 cl de cognac
- 4 cl de crème liquide
- ½ pincée de sucre en poudre
- 2 pincées de sel

Pour le coulis de maïs truffé
- 1 boîte de maïs 4/4 (environ 600 g)
- 8 cl de jus de truffes
- 6 cl de vinaigre blanc
- 2 pincées de sel

Pour le pop-corn
- 2,5 cl d'huile de tournesol
- 2 c. à soupe de maïs à pop-corn
- 1,5 cl d'huile de truffes
- Sel et poivre du moulin

Pour le mesclun
- Quelques feuilles de roquette, de chêne et de shiso

Les truffes en croûte
Brosser les truffes. Abaisser le feuilletage jusqu'à obtenir une épaisseur de 3 mm et y détailler des carrés de 8 cm de côté. Réserver au réfrigérateur. Conserver les chutes.

La mousse de foie gras
Mixer le foie gras avec le porto, le cognac, la crème, le sucre et le sel. Enrober les truffes de la mousse de foie gras, puis en disposer une au centre de chaque carré de feuilletage. Rabattre les angles et fermer pour former une boule. Détailler des lamelles dans les chutes de feuilletage pour décorer les feuilletés. Badigeonner de dorure (jaune d'œuf et eau) et enfourner pour 9 min à 190 °C.

Le coulis de maïs
Égoutter le maïs et le mixer avec le jus de truffes, le vinaigre et le sel. Passer au chinois étamine en foulant bien.

Le pop-corn
Dans une sauteuse, faire chauffer l'huile de tournesol. Ajouter le maïs, remuer bien et couvrir. Une fois les pop-corn éclatés, saler et poivrer le pop-corn, arroser d'huile de truffes et réserver au chaud.

Dressage
Laver les feuilles de roquette, de chêne et de shiso. Les égoutter, puis assaisonner de vinaigre, d'huile d'olive, de sucre, de sel et de jus de truffes. Dans des assiettes creuses, verser le coulis de maïs truffé, disposer le mesclun et placer les truffes en croûte au milieu. Parsemer de pop-corn.

GÂTEAUX DE FOIE BLOND
MARIE-VICTORINE MANOA

AUX LYONNAIS
32, rue Saint-Marc – 75002 Paris
+33 (0) 1 42 96 65 04
www.auxlyonnais.com

On dit qu'aux âmes bien nées, la valeur n'attend pas le nombre des années. Avec son caractère bien trempé et son talent inné, la fille de Jean-Louis Manoa n'a pas tardé à se faire un prénom. Formée sur les bancs de l'Institut Paul Bocuse, la cheffe lyonnaise, avant de reprendre les rênes du Mercière, a débuté son parcours par un exil étoilé dans plusieurs maisons d'exception à l'international, dont le célèbre noma de René Redzepi, au Danemark, sacré plusieurs fois meilleur restaurant du monde. Depuis l'automne 2021, elle fait le bonheur canaille des convives des Lyonnais, le bouchon d'Alain Ducasse, au cœur de Paris. Sa carte, avec l'étonnant beignet de crête de coq, confiture de tomate, ou sa couenne de cochon soufflée, crémeux au chocolat, met à l'honneur une cuisine lyonnaise joliment rafraîchie.

Accord proposé par Maxime Valéry

Domaine Macle
Château-Chalon 2015
Température de service : 8-10 °C

L'acidité naturelle du vin jaune vient couper l'onctuosité du gâteau de foie blond pour offrir un équilibre en bouche et agrémenter la rétro-olfaction d'arômes puissants de noix et de curry.

Pour 6 personnes

- 100 g de moelle (os à moelle)
- 200 g de foies blonds de volaille
- 3 gousses d'ail
- 100 g de crème fleurette 35 % MG
- 3 œufs + 2 jaunes
- 400 g de lait
- Beurre
- Sel et poivre

Préchauffer le four à 90 °C. Enfourner les os à moelle et les cuire 15 min environ, jusqu'à ce que la moelle se détache facilement de l'os.

Détacher la moelle, puis la mixer avec les foies de volaille et l'ail. Ajouter les œufs entiers et les jaunes, puis battre la préparation.
Incorporer le lait et la crème. Saler et poivrer. Mélanger, puis passer au tamis très fin.

Enduire de beurre 6 petits moules et les remplir de la préparation jusqu'à 1 cm du bord. Faire chauffer au bain-marie graduellement (ne pas faire bouillir et protéger les moules en les déposant sur une petite grille).

Enfourner les moules pour 1 h environ à 90 °C (la durée peut varier d'un four à l'autre). Les démouler dans des assiettes tièdes et napper de sauce au vin jaune.

L'astuce de la cheffe

J'ai accompagné les gâteaux d'une demi-échalote colorée côté face, déglacée avec un vinaigre oxydatif, en terminant la cuisson côté peau. J'ai ajouté des fleurs de persil au vinaigre, pour la fraîcheur, et un tour de moulin à poivre.

ŒUFS FRITS AU SAUMON CHRISTOPHE MARGUIN

LE PRÉSIDENT
11, avenue de Grande-Bretagne
69006 Lyon
+33 (0) 4 78 94 51 17
www.restaurantlepresident.com

Brillant héritier d'une famille de cuisiniers et président des Toques Blanches Lyonnaises depuis 2015, Christophe Marguin a quitté le repaire familial des Échets pour s'installer sur les quais du Rhône, au Président. Un établissement au confort cossu, doté de lustres monumentaux, dans lequel le chef reçoit milieux économiques, figures politiques et chefs cuisiniers du monde entier, de passage à Lyon. Les grenouilles simplement sautées au beurre et fines herbes, de même que la volaille de Bresse à la crème d'Étrez, continuent de rassurer les habitués, tandis que les plats à l'ardoise, dictés par les inspirations du maître des lieux et les produits de saison, régalent les plus exigeants. Entre les œufs frits « Catherine » aux caviar et saumon fumé, ou brouillés aux truffes, le lièvre à la royale et le soufflé chaud au Grand Marnier, le choix reste cornélien.

Accord proposé par Fabrice sommier

Domaine Ferret
AOP Pouilly-Fuissé Tête de Cru 2016
Température de service : 12 °C

Belle robe jaune paille avec des reflets argent, limpide et chatoyante. Le nez est un nougat de fruits blancs, d'agrumes et de fruits secs. La bouche est jolie avec une fraîche et agréable vivacité en finale.

Pour 4 personnes

- 5 gros œufs
- 10 cl de vinaigre de vin blanc
- 2 feuilles de brick
- 50 g de farine
- 1 l d'huile d'arachide
- 1 petite botte de ciboulette
- 20 cl de crème fraîche épaisse
- 1 c. à café de vinaigre de vin rouge
- 100 g de saumon fumé
- Sel et poivre

Pocher 4 œufs 4 min dans une casserole d'eau frémissante avec le vinaigre de vin blanc (ne surtout pas saler l'eau). Retirer les œufs et les rafraîchir dans un saladier rempli d'eau froide, puis les égoutter.

Couper les feuilles de brick en petits carrés de 0,5 cm. Séparer le jaune du blanc du dernier œuf. Placer le blanc dans un petit bol. Rouler les œufs pochés dans la farine, les tremper dans le blanc d'œuf et les rouler dans les carrés de brick. Saler et poivrer.

Faire chauffer l'huile d'arachide dans une friteuse. Frire les œufs deux par deux jusqu'à ce que les feuilles de brick colorent. Veiller à ce que la cuisson ne soit pas trop longue afin de ne pas recuire les œufs.

Mélanger la ciboulette avec la crème, du sel, du poivre et le vinaigre de vin rouge. Répartir la préparation obtenue au centre des assiettes. Surmonter des œufs frits, puis parsemer de dés de saumon fumé. Servir aussitôt.

POIREAUX VINAIGRETTE À L'ANETH, PÉTALES DE SAUMON GRAVLAX

GUILLAUME MOUCHEL

MAISON VILLEMANZY
25, montée Saint-Sébastien – 69001 Lyon
+33 (0) 4 72 98 21 21
www.maison-villemanzy.com

Avant d'être séduit par une cuisine authentique inspirée du marché, c'est la vue panoramique qui marque les esprits à la Maison Villemanzy. Fort de son expérience auprès de Bernard Constantin, de Guy Savoy et de Jean-Paul Lacombe, c'est sur les hauteurs de Lyon que Guillaume Mouchel a choisi de s'installer en 2008. Dans un cadre bourgeois empreint de modernité où chaque objet a une histoire à raconter, le chef dresse des assiettes gourmandes à l'excellent rapport qualité-prix. Sa cuisine est un savant dosage de plats bistrotiers et de « lyonnaiseries » canailles : salade tiède de ravioles, œuf cocotte à la crème de bacon, onglet de veau aux aromates, ou encore poitrine de cochon fermière fondante-croustillante au romarin.

Accord proposé par Fabrice Sommier

Plaimont
Saint-Mont cuvée Le Faîte blanc 2015
Température de service : 13 °C

Une robe jaune doré avec des reflets brillants ; un nez puissant avec des arômes de fruits confits, de vanille et de confiture d'abricots. La bouche est très ronde, avec une belle douceur, parfaite en finale.

Pour 4 personnes

- 1 pavé de saumon (250 g)
- 1 botte d'aneth
- 100 g de gros sel
- 40 g de sucre en poudre
- 40 g de poivre mignonnette
- 4 poireaux
- 50 g d'échalote
- 50 cl d'huile de tournesol
- 1 c. à soupe de moutarde de Dijon
- 2 c. à soupe de vinaigre de vin
- Sel et poivre du moulin

La veille, mettre à mariner le pavé de saumon (on peut laisser la peau). Le déposer sur une assiette, parsemer de la moitié de l'aneth haché et recouvrir du mélange gros sel, sucre et poivre mignonnette. Filmer et réserver de 12 à 24 h au réfrigérateur, en fonction de l'épaisseur du pavé.

Le jour même, faire cuire les blancs de poireaux à l'eau bouillante salée, puis les plonger dans de l'eau glacée pour arrêter la cuisson. Les garder au frais sur du papier absorbant.

Mettre à confire l'échalote à feu doux avec 10 cl d'huile de tournesol. Lorsqu'elle est cuite, la conserver au frais dans son huile.

Le jour même, retirer le saumon de la marinade. Le tailler en fines tranches et les rouler en rosace pour former des pétales. Couper les poireaux en sifflets.

Préparer une vinaigrette. Dans un blender, placer le reste de l'aneth en pluches, l'échalote confite, la moutarde, le vinaigre, du sel et du poivre. Faire tourner afin d'obtenir un mélange homogène en ajoutant le reste d'huile en filet.

Dresser harmonieusement les poireaux et les pétales de saumon dans les assiettes. Ajouter la vinaigrette idéalement à l'aide d'une pipette en formant des petits ronds ou des traits, puis décorer de quelques pluches d'aneth et l'échalote coupée en fines lamelles.

TARTE TATIN AU BOUDIN
TOMAS PARISINI

CUGINI FRANCO-ITALIEN
13, place du Général-de-Gaulle
69330 Jonage
+33 (0) 4 78 39 54 56
www.cugini-restaurant.fr

Fils de restaurateurs italiens arrivés en France lorsqu'il avait cinq ans, Tomas Parisini a baigné dans la cuisine familiale dès son plus jeune âge. C'est donc sans grande surprise qu'il a choisi, lui aussi, la voie culinaire. Il a été adoubé par la presse spécialisée comme le plus jeune pizzaïolo de France à l'âge de 12 ans lorsqu'il s'exerçait dans le restaurant Scuderia de ses parents. Il s'est ensuite tracé une trajectoire unique en devenant membre de la FIC, la prestigieuse Fédération Italienne des Cuisiniers qui lui a permis de porter le col italien en France. Son parcours dans de grandes maisons lui permet aujourd'hui de proposer une cuisine généreuse, franche et précise, mêlant tradition française et tradition italienne, dans une carte bistronomique sans frontières. Tomas Parisini est aussi un chef au grand cœur qui multiplie les actions solidaires et humanistes.

Accord proposé par Denis Verneau

Domaine Rizzi
Barbaresco cuvée Rizzi 2016
Température de service : 15 °C

L'onctuosité et le fondant du plat trouvent une résonance dans le caractère dense et pulpeux du vin. L'accent tonique de cette cuvée apporte également du relief à l'accord. Soulignons la complexité aromatique de ce vin mariant les fragrances de violette et de rose aux notes de framboise, avec une pincée de poivre noir. Sans parler de sa bouche suave et charmeuse...

Pour 10 personnes

- 4 pommes golden
- 20 cl de vinaigre de cidre
- 200 g de sucre en poudre
- 1 kg de boudin noir en rouleau
- 200 g de crème 35 % MG
- 1 pâte feuilletée
- Sel et poivre

Éplucher et épépiner les pommes, les couper en lamelles, puis réserver.

Dans une casserole, verser en même temps le vinaigre de cidre et le sucre.
Dès que le mélange commence à prendre une couleur légèrement caramélisée, couper le feu, puis verser le caramel dans un moule anti-adhésif de 28 cm de diamètre et laisser refroidir quelques minutes.

Dès que le caramel a durci, disposer les lamelles de pommes en escargot en partant du centre du moule pour aller vers le bord.
Enfourner pour 4 min à 180 °C afin de précuire les pommes.
Laisser refroidir, le temps que le caramel durcisse.

Ôter le boyau du boudin avant de le mélanger à la crème dans un saladier. Ajuster l'assaisonnement si besoin.
Faire chauffer le boudin à la crème 30 s au micro-ondes.
Lorsque la préparation est ramollie, mélanger de nouveau, puis la verser dans le moule.
Déposer la pâte feuilletée par-dessus.
Cuire au four à 180 °C pendant 25 min.
À la sortie du four, laisser reposer 20 min, avant de démouler en retournant le moule sur une assiette de diamètre un peu plus grand.

L'astuce du chef

Pour arrêter net la cuisson du caramel, ajouter un trait de jus de citron.

TERRINE DE PIEDS DE COCHON ET FOIE GRAS DE CANARD

CHRISTOPHE PAUCOD

LUGDUNUM BOUCHON LYONNAIS
4-3-7, Kagurazaka, Shinjuku-ku
Tokyo, 162-0825 – Japon
+81 3 6426 1201
www.lyondelyon.com

Né à Vénissieux, Christophe Paucod est passé par le Plaza Athénée, La Tour d'Argent, Le Bristol… avant de s'envoler pour le Japon où est née son épouse. En 2007, désireux de mettre en valeur l'image de sa ville, il crée le premier bouchon tenu par un Lyonnais au Japon, dans le quartier historique de Kagurazaka, à Tokyo. Escalier en colimaçon, comptoir en bois et étain, tables en chêne, paysages lyonnais sur les murs, tout est fait pour rappeler les origines du chef. Il propose une cuisine lyonnaise étoilée au *Guide Michelin*, avec une salade lyonnaise et son cake aux oreilles de cochon, une terrine d'agneau et foie gras, ainsi que des spécialités lyonnaises pur jus, telles que quenelles, tablier de sapeur, andouillette et tarte à la praline.

Accord proposé par Denis Verneau

Domaine Sérol
Côte Roannaise Perdrizière 2020
Température de service : 15 °C

Gourmandise, générosité et partage, voici un plat un peu canaille accompagné d'un vin à mi-chemin entre espièglerie et distinction. Aucune prétention, mais toutes les qualités requisses pour être considéré comme un grand. Ce qu'il est indéniablement.

Pour 2 moules rectangulaires (29 × 19 × 4 cm)

- 1,5 kg de foie gras de canard cru Grande Cuisine
- 16,5 g de sel
- 4,5 g de poivre noir
- 3 g de sucre en poudre
- 45 g de porto
- 16 pieds de cochon
- 1,4 kg de farce de saucisson lyonnais pistaché cru
- 50 g de trompettes noires séchées
- 100 g d'échalote
- 30 g de beurre
- 30 g de cerfeuil
- 20 g d'estragon
- 30 g de persil plat
- 30 g de jus de truffes
- 20 cl de jus de canard
- Sel et poivre

Pour la garniture
- Mesclun
- Vinaigrette au jus de truffes
- Pain de campagne
- Fleur de sel

L'avant-veille

Déveiner le foie gras, puis le déposer dans un plat avec le sel, le poivre noir, le sucre et le porto. Le faire mariner toute une nuit.

La veille

Faire cuire les pieds de cochon jusqu'à ce qu'ils soient tendres et les désosser.
Disposer les pieds de cochon bien à plat dans les moules afin d'obtenir une couche uniforme. Laisser refroidir.
Égaliser au couteau l'épaisseur des quatre couches à détailler. Hacher l'excédent au couteau pour l'ajouter à la farce de saucisson.
Hydrater les trompettes noires et rincer. Faire suer les champignons et l'échalote hachée avec le beurre. Saler et poivrer.
Ajouter les herbes hachées grossièrement, le jus de truffes, le jus de canard et les champignons à la farce. Bien travailler pour donner un peu de corps à la préparation si besoin.
Par couches successives, mettre les pieds de cochon, la farce, le foie gras, l'autre moitié de la farce et, pour fini, les pieds de cochon dans deux moules rectangulaires.
Filmer les moules et placer chacun dans un sac sous-vide, sceller et laisser refroidir toute une nuit au réfrigérateur.

Le jour même

Faire cuire au four vapeur à 82 °C, jusqu'à ce que la température à cœur atteigne 66 °C. Faire refroidir en cellule rapidement.
Trancher une belle tranche de terrine et dresser dans une assiette. Servir avec le mesclun assaisonné de vinaigrette, le pain de campagne toasté et la fleur de sel.

BETTERAVE DANS TOUS SES ÉTATS, CERVELLE DES CANUTS

FLORENCE PÉRIER

LE CAFÉ DU PEINTRE
50, boulevard des Brotteaux – 69006 Lyon
+33 (0) 4 78 52 52 61
www.lecafedupeintre.com

Florence Périer, troisième génération de Mères lyonnaises, se porte garante de la tradition des bouchons lyonnais en mettant en avant leurs spécialités et les classiques de la cuisine bourgeoise avec des produits locaux de saison. Cervelle d'agneau meunière, tête de veau croustillante, harengs pommes à l'huile, lièvre à la royale en saison et diplomate à la praline sont les incontournables de cette maison familiale des Brotteaux, complétés au quotidien par une cuisine du marché pleine de fraîcheur. Dans un esprit bistrot chic où se mêlent convivialité et service soigné, son fils, Maxime, invite à découvrir une sélection de vins authentiques et engagés parmi 1 200 références.

Accord proposé par Denis Verneau

Domaine Marc Delienne
Fleurie Gréta Carbo 2019
Température de service : 15 °C

Ce qui ressort de cet accord, c'est une notion d'enracinement : la combinaison entre le profil racinaire du plat et l'expression d'un terroir viticole. L'ensemble est interprété avec maestria par un duo sensible à la nature et aux cultures vertueuses et respectueuses.

Pour 8 personnes

Pour les pickles de betterave
- 1 betterave rouge
- 20 cl de vinaigre de framboise
- 10 cl d'eau
- 1 c. à soupe de sucre en poudre
- 1 pincée de poivre rose
- 8 graines de coriandre
- 1 pincée de gingembre râpé
- 1 branche de thym
- 1 feuille de laurier
- 1 pincée de sel

Pour le houmous de betterave
- 500 g de betteraves cuites
- 80 g de tahin
- 3 c. à café de cumin
- ½ citron
- 2 gousses d'ail
- 2 c. à café d'huile d'olive
- Sel

Pour le caramel de framboise
- 50 g de sucre en poudre
- 20 cl de vinaigre de framboise
- 50 g de purée de framboises

Pour la cervelle des canuts
- 4 fromages blancs bien égouttés (caillé de chèvre ou faisselle de vache, ou mélange des deux)
- 10 cl de vin blanc
- 1 c. à soupe de vinaigre
- 3 c. à soupe d'huile d'olive
- 1 gousse d'ail hachée
- 1 petite échalote hachée
- 1 petite botte de ciboulette hachée finement
- 2 branches de persil hachées finement
- Sel et poivre

Les pickles de betterave
Couper la betterave en rondelles à la mandoline, pour plus de régularité.
Porter tous les ingrédients à ébullition, puis les laisser 10 min dans l'eau frémissante.

Le houmous de betterave
Mixer tous les ingrédients ensemble.

Le caramel de framboise
Placer tous les ingrédients dans une casserole et laisser cuire à feu très doux.

La cervelle des canuts
Mélanger tous les ingrédients à la spatule (éviter le fouet).

Dressage
Mouler à la cuillère de petites quenelles de houmous.
Mouler également la cervelle des canuts, la déposer sur les pickles de betterave.
Pour décorer, faire quelques points de caramel de framboise autour de la betterave.

POIREAUX VINAIGRETTE AUX HERBES, SAUMON FUMÉ ET TRUFFE

CYRIL REYNAUD

DANIEL & DENISE SAINT-JEAN
36, rue Tramassac – 69005 Lyon
+33 (0) 4 78 42 24 62
www.danieletdenise.fr

C'est auprès de grandes maisons étoilées que Cyril Reynaud, né à Marseille, est allé se former à l'exigence du métier, avant de suivre son épouse à Lyon et de rejoindre les brigades des brasseries Bocuse. De L'Ouest au Sud, il a entretenu cette quête d'excellence, tout en apprivoisant les grands classiques de la cuisine lyonnaise. C'est désormais aux côtés de Joseph Viola, son autre mentor lyonnais avec Jean Fleury, qu'il s'épanouit en composant des assiettes respectueuses des saisons et des traditions locales. Paleron de bœuf confit comme un bœuf carotte, poitrine de veau roulée au boudin, os à moelle rôti aux escargots : des plats faisant la part belle aux produits et à l'esprit convivial de ce bouchon lyonnais qui met à l'honneur la cuisine canaille.

Accord proposé par Maxime Valéry

Château Chevalier 2000
Péssac-Léognan blanc
Température de service : 12-14 °C

La famille Bernard propose un blanc de grande classe, qui, après quelques années en bouteille, offre de délicats arômes de truffe blanche fumée où l'élevage en bois s'efface au profit de subtils effluves d'herbes sèches et de romarin. La bouche est fraîche, avec ses notes de zestes d'agrumes pour atténuer l'onctuosité du saumon.

Pour 4 personnes

- 6 poireaux
- Huile d'olive
- Le zeste et le jus de 1 citron
- 1 pain de campagne
- ½ c. à soupe de moutarde de Dijon
- ½ c. à soupe de moutarde à l'ancienne
- 50 g de vinaigre de vin
- 1 échalote ciselée réduite au vinaigre de vin rouge
- ½ botte d'estragon hachée
- ½ botte de cerfeuil hachée
- ½ botte de ciboulette ciselée
- 50 g d'huile de tournesol
- 200 g de saumon fumé
- 1 truffe noire (30 à 40 g)
- Sel et poivre

Laver et parer les poireaux. Les assaisonner d'un filet d'huile d'olive et du zeste de citron. Saler et poivre, puis mettre sous vide.
Faire cuire 45 min environ (selon la taille des poireaux) au four vapeur à 100 °C.

Tailler finement des tranches de pain. Les déposer bien à plat entre 2 plaques avec de l'huile d'olive et du sel. Enfourner pour 8 min à 160 °C.

Dans un cul-de-poule, mélanger énergiquement les deux moutardes, le vinaigre de vin, l'échalote, le jus du citron et les herbes. Monter la vinaigrette avec 100 g d'huile d'olive et l'huile de tournesol.

Dresser 3 demi-poireaux coupés en deux en les superposant dans chaque assiette. Arroser de vinaigrette, puis surmonter de lamelles de saumon et de truffe râpée. Ajouter des tuiles de pain et déguster.

DÉCLINAISON AUTOUR DU FOIE GRAS
LAËTITIA RIVET

LA GAMM'ELLES
4, rue Centrale – 69550 Amplepuis
+33 (0) 4 74 05 78 36
www.lagammelles.com

En reprenant l'ancien restaurant Retour aux Sources, rebaptisé La Gamm'Elles en 2019, Laëtitia et Virginie Rivet ont tiré un trait sur leur activité lyonnaise après sept années passées aux manettes des Délices de Jade, dans le 7e arrondissement. Laëtitia aux fourneaux, Virginie en salle, les deux jeunes femmes s'épanouissent dans leur nouvel univers, pour le plus grand bonheur des gourmets des environs et sous l'œil protecteur du chef Dominic Moreaud. Lancée dans le grand bain par le regretté Bernard Constantin (Larivoire), Laëtitia propose une cuisine traditionnelle qu'elle réajuste au gré des saisons, puisant allègrement dans les produits du marché local. La noix de joue de bœuf confite ou le filet de saint-pierre jouent ainsi sur deux registres, bistrot ou délicieusement cosy.

Accord proposé par Maxime Valéry

Andresen
Porto Tawny 40 ans
Température de service : 10-12 °C

Dans cet accord de texture et d'olfactif complexes, le porto apporte une autre dimension tactile à chacun des foies présentés et agrémente chacun d'entre eux de notes empyreumatiques différentes et évolutives.

Pour 4 personnes

Pour les crèmes brûlées
- 12 cl de lait
- 70 g de foie gras cru
- 2 cl de sauternes
- 2 œufs
- 30 g de cassonade
- Sel et poivre

Pour les mille-feuilles
- 1 mangue
- 1 pincée d'épices à pain d'épices
- 4 cl de sucre de canne
- 4 tranches de pain d'épices
- 4 tranches de foie gras cuit
- 25 cl de porto
- 2 feuilles de gélatine

Pour les bonbons
120 g de foie gras cuit
- 25 cl de sauternes
- 1 zeste d'orange
- 2 feuilles de gélatine
- 30 g de pistaches
- 30 g de noisettes concassées

Pour les bricks
- 3 feuilles de bricks
- 40 g de beurre fondu
- 10 g de sésame
- 100 g de foie gras
- 40 g de beurre
- 4 cl de porto
- 2 pincées de quatre-épices
- Sel et poivre

Les crèmes brûlées
Préchauffer le four à 100 °C. Faire chauffer le lait dans une casserole. Dans un blender, placer le foie gras cru, le sauternes, les œufs, du sel et du poivre. Verser le lait bouillant par-dessus, mixer le tout, puis garnir 4 verrines. Enfourner pour 30 min. Laisser refroidir, saupoudrer de cassonade et brûler les crèmes au chalumeau.

Les mille-feuilles
Éplucher la mangue et la tailler en fine brunoise.
Dans une casserole, faire revenir les dés de mangue avec le sucre de canne et les épices à feu moyen 5 à 7 min à feu moyen. Laisser refroidir.
Dans 4 petits cadres rectangulaires, insérer 1 tranche fine de pain d'épice, surmonter de la compotée de mangue, puis 1 tranche de foie gras. Réserver 15 min au frais.
Dans une casserole, faire bouillir le porto, puis retirer du feu. Ajouter les feuilles de gélatine préalablement réhydratées et remuer.
Couler la gelée de porto tiède dans les cadres à hauteur, placer 1 h au réfrigérateur, puis démouler.

Les bonbons
À l'aide d'une cuillère parisienne, détailler des sphères de foie gras et réserver 15 min au frais.
Dans une casserole, verser le sauternes, ajouter le zeste d'orange, saler et poivrer. Porter à ébullition, ajouter les feuilles de gélatine réhydratées et laisser refroidir.
Tremper les sphères dans la gelée, puis les rouler dans un mélange de pistaches et de noisettes torréfiées.
Réserver 1 h au réfrigérateur. Insérer une pique en bambou dans chaque sphère.

Les bricks
Détailler les feuilles de brick en triangle d'environ 3 cm sur 6 cm de hauteur, les beurrer, puis les saupoudrer de paprika et de graines de sésame. Enfourner à 180 °C entre deux plaques jusqu'à légère coloration. Laisser refroidir.

Dans une sauteuse, mettre le foie gras tranché en cubes, arroser du porto et porter à ébullition. Saler, poivrer et ajouter les quatre-épices. Laisser mariner 30 min à température ambiante.
Mixer ensuite la préparation avec le beurre pommade jusqu'à obtenir un parfait de foie gras.
Réserver 1 h au réfrigérateur pour solidifier. À l'aide d'une poche jetable, détailler sur 4 assiettes, puis poser les croustillants de brick en éventail.

CROMESQUIS DE REBLOCHON, POMMES CONFITES COCHON-TRUFFE

FABRICE ROCHE

OPALINE
8, rue Pailleron – 69004 Lyon
+33 (0) 4 78 28 80 86
www.restopaline.fr

Après avoir travaillé aux côtés de grands chefs étoilés de la région, Carine et Fabrice Roche ont exercé leur talent pendant onze années au Juliénas dans le Beaujolais. Depuis 2017, c'est sur les hauteurs de la Croix-Rousse que le couple ravit les épicuriens d'une cuisine bistronomique, déclinée selon l'inspiration du chef et les produits rapportés du marché de la Croix-Rousse : crème Dubarry au curcuma, saucisson lyonnais et œuf mimosa, veau et hareng fumé comme un jambon persillé, cabillaud laqué aux épices… La carte, qui met à l'honneur les produits frais et de saison, se renouvelle régulièrement et s'accorde merveilleusement bien avec des vins de la région provenant de petits producteurs.

Accord proposé par Denis Verneau

Domaine Prieuré Saint-Christophe
Vin de Savoie Mondeuse 2016
Température de service : 15 °C

Pour ce type de recette, deux options possibles : un vin blanc rond et charnu ou un vin rouge sachant conjuguer gourmandise et caractère. J'opterais plus aisément pour la seconde proposition, afin d'agrémenter le confort de bouche par une pointe épicée. Un vin rouge bien adapté apportera en outre de la fraîcheur à l'ensemble.

Pour 4 personnes

- 1 pied de cochon
- Court-bouillon
- 1 échalote
- Persil
- Estragon
- 30 g de truffe
- Vinaigre de Xérès
- Jus de cochon
- 2 pommes de terre
- 150 g de beurre clarifié
- 1 reblochon fermier de M. Cuinet
- Chapelure

Faire cuire le pied de cochon dans le court-bouillon, puis désosser et faire revenir dans une sauteuse. Ajouter l'échalote ciselée et les herbes émincées, puis 15 g de truffe hachée.
Arroser d'un trait de vinaigre de Xérès et le jus de cochon.
Réserver.

Faire confire les pommes de terre dans le beurre clarifié au four à 90 °C.
Les évider et les farcir avec la préparation réservée.

Préparer les cromesquis en faisant fondre le reblochon, puis ajouter le reste de truffe hachée.
Les mouler dans des moules (forme au choix), puis les paner trois fois dans la chapelure.

Faire frire les cromesquis et réchauffer les pommes de terre. Dresser selon l'envie.

ARTICHAUTS, HOMMAGE À LA MÈRE BRAZIER

MATHIEU VIANNAY

LA MÈRE BRAZIER
12, rue Royale – 69001 Lyon
+33 (0) 4 78 23 17 20
www.lamerebrazier.fr

Établissement emblématique de la cuisine lyonnaise, fondé en 1921, La Mère Brazier s'est offert une seconde jeunesse depuis l'arrivée aux fourneaux de Mathieu Viannay en 2008. Ancien élève de l'école Ferrandi et Meilleur Ouvrier de France 2004, il s'est vu décerner deux étoiles dès 2009. La recette de ces étoiles ? Une subtile alchimie entre tradition et créativité culinaires. Pour ce faire, il réinterprète les grands classiques d'Eugénie Brazier, des artichauts au foie gras à la poularde de Bresse demi-deuil. Un établissement authentique, avec ses rideaux de velours, ses photos d'époque et ses faïences des années 1930, où se côtoient capitaines d'industrie, personnages politiques et simples gastronomes venus savourer l'araignée de mer et tourteau aux condiments, l'omble chevalier en cressonnette ou le quasi et ris de veau de lait, salsifis et curcuma...

Accord proposé par Maxime Valéry

Domaine Zind Hembrecht
Pinot gris Clos Windsbuhl
Vendange tardive 2000
Température de service : 8-10 °C

Tout n'est qu'une question d'équilibre. Pour marier ce plat emblématique, quoi de mieux que la sensualité d'un Clos Windsbuhl qui a mangé ses sucres, aux notes d'amande grillée, d'agrumes confits et de miel d'acacia.

Pour 4 personnes

Pour les artichauts en barigoule
- 1 carotte des sables
- ½ oignon paille
- 1 gousse d'ail
- 1 branche de thym
- 10 g de graines de coriandre
- Huile d'olive
- 10 artichauts poivrades
- 20 cl de vin blanc
- Jus de citron

Pour la terrine de foie gras de canard
- 500 g de lobe de foie gras déveiné
- 7,5 g de sel
- 3 g de sucre en poudre
- 5 g de porto blanc
- 5 g d'armagnac
- 2 g de poivre blanc

Pour la panna cotta de foie gras
- 160 g de lait
- 1 jaune d'œuf
- 250 g de terrine de foie gras
- 3 feuilles de gélatine

Pour la purée d'artichauts grillés
- 3 artichauts camus

Pour la farce
- Jambon noir de Bigorre
- Pickles de pleurotes
- Champignons de Paris
- Amandes

Pour les chips d'artichaut
- 1 artichaut poivrade tourné
- 100 g de beurre
- 100 g de farine
- 100 g de blanc d'œuf

Pour la vinaigrette
- Huile de noisette

Pour les dômes d'artichaut au foie gras
- 2 escalopes de foie gras
- ½ sphères de purée d'artichauts grillés
- Panna cotta de foie gras

Pour la gelée d'artichaut à la barigoule Kappa
- 35 g de vinaigre balsamique
- 20 g de gelée végétale Sosa
- 5 g de sauce soja excellence

Pour les pickles de queues d'artichauts
- 300 g de vinaigre blanc
- 100 g de sucre en poudre
- 15 g de graines de coriandre
- Queues des artichauts

Pour le panko de graines de coriandre
- Graines de coriandre
- Fleur de sel

Les artichauts en barigoule

Faire suer la garniture taillée en mirepoix (carotte, oignon, ail, thym, coriandre) à l'huile d'olive. Ajouter les cœurs d'artichauts tournés. Déglacer au vin blanc et au jus de citron, puis mouiller à hauteur et faire cuire à frémissement. Les légumes doivent rester croquants. Réserver. Conserver le jus de cuisson pour la suite de la recette.

La terrine de foie gras

Assaisonner le lobe de foie gras avec du sel, du sucre, du porto et de l'armagnac. Laisser mariner 12 h environ. Faire cuire à 72 °C en ambiant, 52 °C à cœur. Laisser reposer 3 ou 4 jours avant emploi.

La panna cotta de foie gras

Réaliser une anglaise. Porter le lait à ébullition, verser sur le jaune d'œuf blanchi, et cuire le tout à la nappe (82 °C). Mixer avec le foie gras cuit en terrine au préalable et les feuilles de gélatine (préalablement réhydratées dans de l'eau froide avec des glaçons). Passer au chinois étamine.

La purée d'artichauts grillés

Passer les artichauts coupés en tranches au gril. Faire cuire sous vide à 90 °C, mixer, puis passer au chinois étamine. Mouler la purée en demi-sphères.

La farce
Récupérer la carotte de la préparation des artichauts à la barigoule. La tailler en brunoise, ainsi que le jambon, les pickles de pleurotes et les champignons de Paris. Hacher les amandes. Assaisonner de vinaigrette au moment du service.

La vinaigrette
Récupérer 100 g de jus de cuisson à la barigoule. Le faire réduire de plus de moitié, puis le monter à l'huile de noisette. Rectifier l'assaisonnement avec un peu de sel et poivre si besoin.

Les chips d'artichaut
Réaliser un appareil à tuile avec le beurre pommade, blanc d'œuf et farine. Réaliser un mélange bien homogène. Couper finement l'artichaut à la mandoline, puis enduire d'appareil à tuile. Enfourner entre 2 plaques pour 15 min à 150 °C.

Les dômes d'artichaut au foie gras
Marquer les escalopes de foie gras et réserver 2 h au frais pour pouvoir les trancher facilement. Les tailler en fines tranches et en chemiser des moules demi-sphères. Couler un peu de panna cotta, les demi-sphères de purée d'artichaut, puis lisser à hauteur avec la panna cotta. Faire prendre au frais. Piquer les dômes à l'aide d'un cure-dents afin de pouvoir les tremper dans la gelée d'artichaut chaude. Réserver au frais.

La gelée d'artichaut à la barigoule Kappa
Porter à ébullition 375 g de jus de cuisson à la barigoule avec les autres ingrédients. Laisser refroidir légèrement ; la gelée ne doit plus être fumante pour obtenir un glaçage de qualité. Glacer les dômes le matin pendant la mise en place.

Les pickles de queues d'artichauts
Porter à ébullition l'eau, le vinaigre blanc, le sucre et les graines de coriandre. Faire infuser les queues d'artichauts.

Le panko de graines de coriandre
Hacher grossièrement quelques chips d'artichauts (celles qui sont un peu moins jolies après cuisson. Mélanger avec les graines de coriandre concassées et la fleur de sel. Rouler les pickles de queue d'artichaut dedans au moment de l'envoi.

Dressage
Couper une tranche de terrine de foie gras puis l'emporte-piécer du même diamètre que le dôme de foie gras. À l'aide d'un couteau trempé dans l'eau chaude, trancher le dôme en deux, afin de mettre en évidence les différents étages du dôme. Farcir les cœurs d'artichauts cuits à la barigoule avec la farce taillée en brunoise et assaisonnée. Disposer sur la farce les chips d'artichauts et rouler les queues d'artichauts dans la panko.
Dresser les éléments dans les assiettes et servir.

CROQUETTES D'ESCARGOTS, CRÈME D'OIGNONS CARAMÉLISÉS

SERGE VIEIRA

RESTAURANT SERGE VIEIRA
Le Couffour – 15110 Chaudes-Aigues
+33 (0) 4 71 20 73 85
www.sergevieira.com

« Dans son vaisseau contemporain – pierre, fer et verre – niché dans une forteresse médiévale, avec une vue à 360° sur les alentours, il joue dans la cour des grands. Ses assiettes, élaborées au quart de poil, sont savamment composées, et sa technique ne prend jamais le pas sur le goût », tels sont les commentaires du *Guide Michelin* concernant la cuisine de Serge Vieira. Ce surdoué, Bocuse d'Or 2005 et chef doublement étoilé au *Guide Michelin* depuis 2012, s'était donné comme objectif de faire vivre « l'expérience Vieira » à ses convives au cœur du Cantal. Malheureusement, la vie en a décidé autrement, puisqu'il est décédé le 1er juillet 2023 des suites d'une longue maladie, laissant le monde de la restauration en deuil. Son épouse Marie-Aude, prix Michelin 2020 du service en salle, et son équipe continuent d'accueillir les clients et de leur offrir cette fameuse « expérience Vieira » qui lui tenait tant à cœur.

Accord proposé par Maxime Valéry

Domaine Palhàs, Gilles Monier
Les Terrasses de Victor
Chardonnay IGP Cantal 2018
Température de service : 12 °C

Pour les célèbres croquettes d'escargots de Massiac du chef Vieira, nous resterons chauvins avec le gourmand chardonnay Gilles Monier, un vin des Palhàs, dans le Cantal, où les subtils arômes de pâte d'amande, d'agrumes confits et de pommes cuites viennent chatouiller les effluves des croquettes encore tièdes.

Pour 4 personnes

Pour les escargots sautés à l'ail
- 24 escargots de Massiac
- 20 g de beurre
- 1 gousse d'ail
- 30 g d'échalote
- 10 g de pastis
- 20 g de persil plat

Pour les croquettes d'escargots
- 50 g de lait
- 40 g de purée d'ail
- 20 g de citron confit
- 3 g de gélatine or 180 bloom
- 150 g de beurre
- 30 g d'amandes en poudre
- 5 g de persil plat
- 5 g de cerfeuil
- 5 g de ciboulette
- 5 g d'estragon
- Le jus de 1 citron
- 50 g de fécule de pomme de terre
- 80 g de blanc d'œuf battu
- 150 g de chapelure de pain de campagne

Pour la purée de mousserons des prés
- 30 g d'échalote
- 25 g de beurre
- 300 g de mousserons des prés
- 10 g de crème épaisse

Pour la garniture
- 8 oignons nouveaux
- 20 g de beurre
- 50 g de bouillon de volaille
- Sucre en poudre
- 8 haricots
- 100 g de mousserons des prés
- 30 g d'échalote
- 10 g de ciboulette

Pour la purée de chou vert
- 200 g de feuilles de chou frisé vert
- 3 feuilles d'épinards
- 50 g de bouillon de légumes
- 3 glaçons

Pour la crème d'oignons caramélisés
- 500 g d'oignons blancs
- 20 g de beurre
- 10 g de sucre en poudre
- 250 g de bouillon de légumes
- 150 g de crème fouettée
- Gingembre râpé

Pour le décor
- Mélange d'amarante bicolore et de pousses de chou
- Poudre d'oignons caramélisés
- Poudre de champignons

- Sel et poivre

Les escargots sautés à l'ail
Dans une sauteuse, faire cuire les escargots 2 min dans un beurre noisette mousseux.
Ajouter l'ail finement haché et l'échalote ciselée. Déglacer au pastis, puis ajouter le persil plat haché. Saler et poivrer.

Les croquettes d'escargots
Faire chauffer le lait. Ajouter la purée d'ail, le citron confit en morceaux, puis la gélatine réhydratée.
Mixer le beurre avec les amandes en poudre, les herbes et le jus de citron. Lisser l'appareil.
Incorporer le lait gélifié et assaisonner. À l'aide d'un moule en silicone, former 12 sphères de beurre farcies de 2 escargots sautés à l'ail chacune. Réserver 30 min au congélateur.
Mélanger la fécule avec le blanc d'œuf assaisonné et la chapelure. Paner deux fois les sphères de beurre en les plongeant dans la préparation. Faire frire 3 à 4 min à 160 °C. Laisser reposer.

La purée de mousserons des prés
Dans une sauteuse, faire suer l'échalote ciselée dans le beurre.

Ajouter les mousserons des prés et faire cuire 8 min. Incorporer la crème, réduire de moitié, mixer et passer au chinois étamine. Saler, poivrer et réserver au chaud.

La garniture

Faire cuire les oignons nouveaux à blanc avec une partie du beurre, le bouillon de volaille et une pointe de sucre.
Faire cuire les haricots à l'anglaise. Les rafraîchir, puis les tailler en biseau.
Faire sauter les mousserons des prés avec le reste de beurre, l'échalote et la ciboulette ciselées. Assaisonner.

La purée de chou vert

Retirer les côtes des feuilles de chou. Faire cuire séparément à l'anglaise les feuilles d'épinards et de chou. Rafraîchir sous l'eau froide, puis fixer les feuilles blanchies avec le bouillon de légumes réduit et les glaçons. Passer au chinois étamine, assaisonner et réserver au frais.

La crème d'oignons caramélisés

Dans une cocotte, caraméliser les oignons finement émincés dans le beurre et le sucre.
Verser le bouillon de légumes et faire cuire à couvert jusqu'à complète évaporation du liquide de cuisson. Mixer et passer au chinois étamine. Étaler la préparation sur des tapis de cuisson et laisser sécher au four à 65 °C. Mixer pour obtenir une consistance de poudre et tamiser. Saler et poivrer.
Mélanger la poudre avec la crème fouettée. Blanchir le gingembre, le rafraîchir et l'incorporer à la préparation. Assaisonner et réserver au frais.

Dressage

Dresser la purée de mousserons des prés à l'aide d'une poche à douille de 5 cm de large sur 14 cm de long. Disposer harmonieusement les escargots sautés à l'ail, les croquettes frites une deuxième fois, les oignons nouveaux, les haricots assaisonnés de vinaigrette, des points de purées de chou vert et de mousserons des prés. Décorer d'amarante et de pousses de chou. Dessiner un rond de poudre d'oignons caramélisés et un trait de poudre de champignons. Ajouter 1 quenelle de crème d'oignons caramélisés.

CHOU FARCI DE L'AUTOMNE
JOSEPH VIOLA

DANIEL & DENISE
156, rue de Créqui – 69003 Lyon
+33 (0) 4 78 60 66 53
www.danieletdenise.fr

Meilleur Ouvrier de France, Joseph Viola est à la tête de trois bouchons lyonnais Daniel & Denise. Il y met à l'honneur les saveurs des plats mythiques de la cuisine française avec finesse, élégance et générosité, dans une ambiance conviviale : pâté-croûte au foie gras de canard et ris de veau (champion du monde 2009), quenelle de brochet sauce Nantua, côte de veau de lait en cocotte, chou farci, baba au rhum ; une cuisine vivante et réconfortante, centrée autour du produit. Le chef Joseph Viola a ouvert également une épicerie Daniel & Denise à Villeurbanne et une cave à vin rue de Créqui, en face de son restaurant.

Accord proposé par Maxime Valéry

Philippe Alliet
Chinon « Coteau de Noiré » 2010
Température de service : 14-16 °C

La Loire propose des vins rouges incroyables lorsqu'ils ont un peu d'âge, aux arômes de sous-bois, de cuir, de baie de cassis bien mûr, le tout enrobé d'une sensation fumée. Le vin, une fois en bouche, est des plus rafraîchissants. Les tanins, à peine perceptibles, s'effacent finalement dans la gourmandise du chou farci.

Pour 8 personnes

- 1 chou vert frisé
- 100 g de beurre
- 1 c. à soupe d'ail
- 200 g de foie gras cru de canard
- Gros sel
- Sel et poivre blanc du moulin

Pour les cuisses de volaille confites

- 1 l de graisse de canard
- 8 gousses d'ail
- 1 feuille de laurier
- 2 cuisses de volaille de Bresse (avec os et peau)

Pour la farce

- 20 g de trompettes-de-la-mort déshydratées
- 30 g de cèpes déshydratés
- 100 g de champignons de Paris
- 50 g de beurre
- 50 g d'échalote
- 300 g de noix de veau de lait
- 2 c. à soupe de persil frisé
- 1 œuf

Pour la sauce

- 10 cl de porto
- 10 cl de jus de poulet

Le chou

Effeuiller le chou en supprimant les « grosses » feuilles. Mettre de côté 6 belles feuilles d'un vert tendre et émincer le reste en prenant soin d'enlever les côtes des feuilles. Faire blanchir les feuilles entières 3 min à l'eau bouillante salée. Les sortir à l'aide d'une écumoire et les rafraîchir sous l'eau froide. Retirer la côte de chaque feuille et laisser égoutter.
Faire blanchir le chou émincé 5 min dans la même eau bouillante salée, puis le rafraîchir et laisser égoutter.
Dans une cocotte, faire chauffer le beurre et l'ail haché. Ajouter le chou émincé bien égoutté, saler et poivrer. Laisser étuver 15 min à feu doux et à couvert. Au terme de la cuisson, débarrasser et laisser refroidir.

Les cuisses de volaille confites

Dans une cocotte, faire fondre la graisse de canard. Ajouter les gousses d'ail, le laurier et les cuisses de volaille assaisonnées de sel et de poivre. Faire cuire 50 min à feu doux et à couvert. La chair de la volaille doit rester fondante et moelleuse.
Au terme de la cuisson, égoutter les cuisses, enlever la peau et les os, puis effilocher grossièrement la chair. Réserver.

La farce

Plonger les trompettes-de-la-mort et les cèpes dans un bol d'eau tiède, laisser reposer 1 h pour les réhydrater, puis les égoutter. Émincer les champignons de Paris. Mettre le beurre à fondre dans une cocotte, puis ajouter tous les champignons et l'échalote hachée. Assaisonner de sel et de poivre, puis laisser cuire 10 min à feu doux. Au terme de la cuisson, débarrasser et laisser les champignons refroidir avant de les hacher.

Dans un saladier, mélanger la noix de veau hachée avec les champignons, le persil haché, l'œuf et l'effilochée de cuisses de volaille. Saler et poivrer.

Montage

Chemiser un saladier métallique de 15 cm de diamètre avec du film alimentaire, en prenant soin de le faire déborder sur le côté.
Étaler les feuilles de chou entières sur le film en les superposant (en garder quelques-unes), puis les recouvrir de la moitié de la farce. À l'aide d'une fourchette, répartir la farce dans le fond et sur la paroi du saladier jusqu'à obtenir une épaisseur de 2 cm environ.
Couper le foie gras en escalopes épaisses de 2 cm.
Les déposer sur la farce, saler et poivrer. Répartir le chou émincé cuit par-dessus, saler, poivrer et recouvrir le tout du reste de la farce.
Déposer quelques feuilles de chou à plat sur la préparation et rabattre le film alimentaire.

Le chou farci

Dans une couscoussière, faire cuire le chou farci 1 h 15 en le laissant dans le saladier.
Au terme de la cuisson, retirer le saladier et laisser reposer 30 min en maintenant au chaud.
Ouvrir le film alimentaire, poser le plat de service sur le saladier, puis retourner le plat et le saladier en même temps pour démouler le chou farci.

La sauce

Faire réduire le porto dans une cocotte pour obtenir un liquide sirupeux.
Ajouter le jus de poulet, rectifier l'assaisonnement en sel et en poivre, puis servir en accompagnement du chou farci.

DARIOLES D'ANCHOIS, CONFIT PROVENÇAL ET FROMAGE AUX HERBES

FRÉDÉRIC VIRTE

LE RESTAURANT
9 bis, avenue de la Gare
69800 Saint-Priest
+33 (0) 4 78 21 14 43
www.le-restaurant-saintpriest.fr

Idéalement situé à Saint-Priest, dans l'est lyonnais, l'établissement à la décoration moderne, sobrement intitulé Le Restaurant, propose une cuisine traditionnelle et raffinée. Accompagné d'une équipe accueillante et souriante, Frédéric Virte porte un soin particulier à la fraîcheur et au goût. Pour ce faire, il entretient une relation privilégiée avec ses producteurs, dont il sublime les produits dans des assiettes audacieuses et colorées. En témoignent le demi-homard, mousseline de pétoncles, jus de carcasse monté au beurre de crustacés, le magret de canard aux épices, cromesquis de champignons et purée de céleri, ou encore la pavlova melon et amarena, mousse vanille et verveine.

Accord proposé par Maxime Valéry

Clos du Rouge-Gorge
IGP Côtes catalanes
Température de service : 12-14 °C

Un côtes-catalanes est le parfait compagnon local pour agrémenter les darioles d'anchois d'arômes d'acacia, de mellifère, d'herbes sèches et d'agrumes... « *Vinga va!* Bon profit! »

Pour 4 personnes

- 400 g d'anchois de Collioure marinés
- Sel et poivre

Pour le confit provençal
- 1 poivron vert
- 1 poivron rouge
- 1 poivron jaune
- 1 aubergine
- 1 courgette
- 1 tomate
- 1 gousse d'ail
- ½ oignon
- Huile d'olive
- 50 g de concentré de tomates

Pour le fromage aux herbes
- 2 fromages de chèvre (100 g environ au total)
- 1 échalote
- 1 gousse d'ail
- Persil
- Coriandre
- Basilic

Pour les tuiles
- 1 baguette précuite
- Beurre

Tailler les poivrons, l'aubergine, la courgette, la tomate, l'ail et l'oignon en brunoise régulière. Un par un, faire sauter les légumes rapidement à l'huile d'olive. Ajouter le concentré de tomates et enfourner pour 15 min à 165 °C et à couvert.

Bien égoutter les fromages de chèvre. Ciseler très finement l'échalote, l'ail et les herbes.
Mélanger tous les ingrédients. Saler et poivrer.

Passer très finement au trancheur la baguette. Déposer les tranches sur une plaque et les beurrer au pinceau. Les placer entre deux feuilles de papier sulfurisé et deux plaques à four. Enfourner pour 25 min à 135 °C.

Chemiser 4 moules à darioles avec les anchois.
Garnir du confit provençal, presser et démouler.
Déposer par-dessus 1 quenelle de fromage aux herbes et 1 tuile. Décorer avec différents caramels, par exemple balsamique, framboise et basilic, obtenus par une forte réduction de vinaigre aromatisé et sucré.

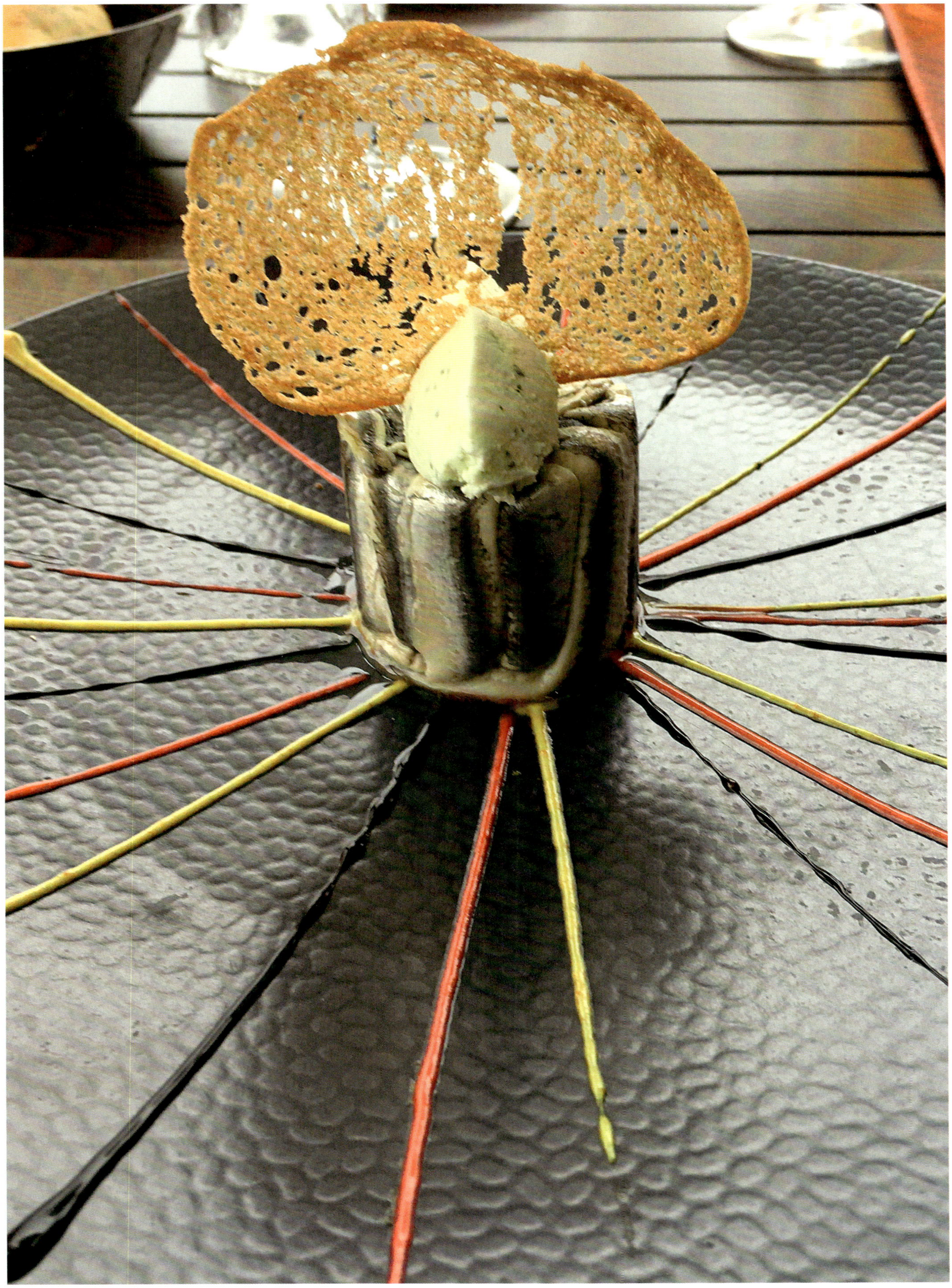

POISSONS, CRUSTACÉS, COQUILLAGES ET GRENOUILLES

DOS DE BAR AU SAUTOIR, FRICASSÉE D'ARTICHAUTS, ASPERGES VERTES ET BUTTERNUT

FRÉDÉRIC BERTHOD

33 CITÉ
33, quai Charles-de-Gaulle – 69006 Lyon
+33 (0) 4 37 45 45 45
www.33cite.com

Cette brasserie contemporaine située au cœur de la Cité internationale propose une belle cuisine de saison, à la fois simple, raffinée et créative, dans laquelle le fait maison est un must. Son chef, Frédéric Berthod, formé auprès de Paul Bocuse et de Daniel Léron (MOF 1976), concocte des assiettes qui oscillent entre tradition et modernité, à l'image de l'incontournable pâté-croûte, du vol-au-vent, ou de l'œuf cocotte Iberico. Les plus exigeants sauront apprécier la carte des vins, riche de plus de 500 références, et la belle carte des liqueurs de chartreuse, avant de contempler les nombreuses œuvres d'art exposées çà et là.

Accord proposé par Fabrice Sommier

Albert Mann
Alsace Muscat 2022
Température de service : 9-12 °C

Une robe jaune paille avec des reflets verts. Un nez vif de fruits blancs et de raisins frais. La bouche est acidulée avec un bel équilibre et une finale fraîche et gourmande. Un vrai vin de gastronomie !

Pour 4 personnes

Pour les légumes
- 2 gros artichauts
- 1 citron jaune
- 12 asperges vertes de beau diamètre
- 1 betterave cuite
- ½ butternut

Pour la sauce
- 1 échalote
- Beurre
- 1 arête de bar
- 5 cl de vin blanc sec
- 20 cl de crème liquide 30 % MG

Pour le bar
- 4 dos de bar de ligne (180 g pièce), préparés par le poissonnier
- 12 champignons enoki

Les légumes

Retirer les premières feuilles des artichauts et conserver les plus tendres. Tourner les fonds à l'aide d'un couteau bien affûté. Supprimer tout le foin avec une cuillère. Frotter les cœurs avec le citron pour éviter l'oxydation, puis les réserver dans de l'eau additionnée du jus du citron.
Couper les asperges pour ne garder que la tête (8 cm environ).
Découper 4 belles tranches dans la partie la plus étroite du butternut, sans l'éplucher.
Saler, poivrer et beurrer les tranches de butternut.
Les déposer sur une plaque recouverte de papier cuisson et les rôtir au four à 180 °C. Réserver.
Couper un cœur d'artichaut en petits morceaux. Les placer dans une petite casserole et les recouvrir de crème.
Saler, poivrer et faire cuire à feu doux en remuant pour que la crème n'accroche pas, puis mixer au blender pour obtenir une mousseline très fine.
Dans un sautoir, faire revenir le second cœur d'artichaut découpé en huit, avec du beurre, du sel et du poivre.
Après coloration, mouiller avec un peu d'eau et cuire à couvert en gardant une petite fermeté.
Répéter l'opération avec les têtes d'asperges.
Mixer la betterave bien finement en ajoutant un trait de vinaigre de vin rouge, puis saler et poivrer.

La sauce

Dans une casserole, faire revenir au beurre l'échalote ciselée, sans coloration.
Ajouter l'arête de bar découpée en petits morceaux, faire revenir, déglacer avec le vin blanc.
Mouiller à hauteur avec de l'eau, ajouter les feuilles d'artichauts réservés et cuire 15 min. Passer au chinois étamine, ajouter la crème et laisser réduire légèrement.

Rectifier l'assaisonnement et réserver au bain marie. Émulsionner au Thermomix juste avant de dresser les assiettes.

Le bar

Dans un sautoir, faire revenir au beurre les dos de bar, côté peau. Retourner les poissons, ajouter les champignons enoki et terminer la cuisson.
Dresser les assiettes à votre guise.

L'astuce du chef

Pour faciliter le dressage, débarrasser la mousseline d'artichaut ainsi que la purée de betterave dans des pipettes qui résistent à la chaleur et les réserver au chaud.

FILET DE SOLE DES CÔTES NORMANDES FERNAND POINT REVISITÉ

OLIVIER COUVIN ET GILLES REINHARDT

RESTAURANT PAUL BOCUSE
40, quai de la Plage
69660 Collonges-au-Mont-d'Or
+33 (0) 4 72 42 90 90
www.bocuse.fr

Niché sur les bords de Saône, le restaurant Paul Bocuse symbolise l'excellence et l'art de vivre à la française. C'est dans un écrin flambant neuf que l'équipage et ses deux Meilleurs Ouvriers de France perpétuent l'héritage laissé par Monsieur Paul. En dignes successeurs, Gilles Reinhardt et Olivier Couvin préparent avec soin les plats intemporels et emblématiques du Cuisinier du siècle. La soupe aux truffes noires VGE, les filets de sole des côtes normandes Fernand Point ou la volaille de Bresse en vessie « Mère Fillioux » nous plongent dans l'histoire. Rendre immortel l'esprit de Monsieur Paul, c'est aussi créer de nouvelles recettes et savoir surprendre avec une infinie justesse ; la tradition en mouvement est leur credo !

Accord proposé par Gaëtan Bouvier

Domaine des Rutissons
IGP Isère Pays du Grésivaudan
Température de service : 12 °C

Le renouveau de ce cépage isérois planté au Touvet énergise ce plat monumental qui a vu le jour dans le même département.

Pour 4 personnes

Pour la pâte à lasagnes
- 125 g de farine
- 60 g de jaune d'œuf
- 10 g d'eau

Pour la duxelles de champignons
- 3 échalotes
- 5 cl de madère
- 200 g de champignons de Paris
- 100 g de cèpes

Pour les filets de sole
- 1 sole (800 g)
- 50 cl de fumet de poisson
- 5 cl de pouilly-fuissé

Pour le glaçage Fernand Point
- 300 g de beurre doux
- 2 jaunes d'œufs
- 20 cl de velouté de poisson
- 50 g de crème fouettée
- Sel et poivre

La pâte à lasagnes

Déposer la farine sur le plan travail, former un puits au centre, puis y verser le jaune d'œuf et l'eau. Mélanger du bout des doigts en incorporant la farine progressivement. Lorsque la pâte est bien homogène, filmer et laisser reposer 4 h au réfrigérateur.

La duxelles de champignons

Ciseler les échalotes bien finement et les faire suer au beurre. Ajouter le madère et faire réduire. Incorporer les champignons de Paris hachés et faire cuire jusqu'à évaporation totale de l'eau de végétation. Assaisonner de sel et de poivre.

Les filets de sole

Lever les filets de sole et assaisonner. Les farcir de duxelles de champignon (en réserver une partie), puis les plier en deux. Les déposer dans un plat préalablement beurré. Verser le fumet de poisson et le vin blanc. Pocher 10 mn environ à court-mouillement au four, à 170 °C.

Les lasagnes

Abaisser la pâte à l'aide d'un laminoir jusqu'à obtenir une épaisseur de 2 mm environ. Détailler 2 bandes de pâte égales par assiette (de la même taille que les filets de sole), et les cuire 2 min à l'eau bouillante salée, puis égoutter. Tailler les cèpes en brunoise, les faire sauter au beurre et mélanger avec le reste de duxelles de champignons de Paris. Garnir une bande de pâte de façon régulière avec la duxelles aux cèpes, puis couvrir avec la deuxième bande.

Le glaçage Fernand Point
Faire fondre le beurre afin de le clarifier. Monter les jaunes d'œufs en sabayon au bain-marie avec un filet d'eau et une pincée de sel. Incorporer le beurre clarifié. Faire bouillir le velouté de poisson et, hors du feu, ajouter le sabayon et la crème fouettée.

Dressage
Déposer les lasagnes aux cèpes sur les assiettes, surmonter des filets de sole pochés et napper de glaçage Fernand Point. Gratiner au four, position grill, jusqu'à l'obtention d'une coloration uniforme.
Déguster immédiatement.

LES ÉCREVISSES SAVOISIENNES AUX BOURGEONS DE SAPIN, TARTIFLES À L'ÉCHALOTE

JEAN-RÉMI CAILLON

ALPAGE
Hôtel Annapurna
734, route de l'Altiport – 73120 Courchevel
+33 (0) 4 79 08 04 60
www.annapurna-courchevel.com

À Courchevel depuis plus de dix ans, où il a tutoyé les étoiles au Kintessence, Jean-Rémi Caillon régale désormais les papilles à l'Annapurna, établissement familial et chaleureux fondé par le grand-père du champion de ski alpin Alexis Pinturault. Le chef partage l'amour de la montagne de la famille Pinturault et engage sa cuisine dans une démarche durable et responsable, faisant en sorte que l'excellence soit complice de la nature environnante. Il compose sa palette au fil des saisons, séduit par les fruits des potagers des vallées, de la pêche, de la chasse et des élevages alentour. En quête du subtil umami, Jean-Rémi Caillon propose des assiettes qui reflète audacieusement les traditions tarines.

Accord proposé par Gaëtan Bouvier

Château de Mérande
Roussette de Savoie Son Altesse
Température de service : 12 °C

Impossible de s'éloigner des fabuleuses montagnes savoyardes devant une telle assiette. Un accord logique et renversant.

Pour 6 personnes

Pour les écrevisses
- 1,5 kg d'écrevisses des lacs de Savoie
- 150 g de gros sel
- 100 g de branches de sapin fraîches
- 100 g de vinaigre blanc
- 20 g de poivre en grains
- 150 g de beurre clarifié
- Fleur de sel
- Poivre du moulin

Pour le condiment à l'échalote
- 80 g d'échalotes
- 30 g de bourgeons de sapin
- 80 g de vinaigre blanc
- 10 g de poivre blanc en grains

Pour les gnocchis de pommes de terre
- 160 g de pommes de terre agria
- Gros sel
- 8 g de jaune d'œuf
- 2 g de sel
- 12 g de farine T55
- 50 g d'épines de sapin frais
- 25 g de beurre clarifié

Pour la résille de pomme de terre
- 100 g de pommes de terre agria
- 50 g de beurre clarifié

Pour la bisque d'écrevisses
- Têtes d'écrevisses
- 30 g d'échalote
- 20 g de céleri-branche
- 50 g de tomates cerises en grappe
- 50 g d'huile de pépins de raisin
- 50 g de beurre doux
- 10 g de cognac
- 30 g de vin blanc de Savoie
- 1 kg de fond blanc
- 250 g de crème Excellence
- 10 g de poivre noir en grains

Les écrevisses

Plonger les écrevisses vivantes 15 min dans un bain d'eau claire pour les rincer.
Préparer une nage composée de 5 l d'eau, du gros sel, des branches de sapin, du vinaigre blanc et du poivre en grains. Porter à ébullition, puis prélever 1 l de liquide et laisser refroidir.
Châtrer les écrevisses 10 par 10. Les ébouillanter au fur et à mesure 1 min environ dans la nage. Décortiquer immédiatement les queues en prenant soin de conserver les têtes et les carapaces (pour la bisque). Réserver les queues dans la nage froide. Répéter l'opération autant que nécessaire. Réserver au frais.
Au moment de servir, dans une casserole, faire chauffer le beurre clarifié à une température de 52 °C. Immerger les queues d'écrevisses réservées 3 à 4 min dans le beurre. Les égoutter sur du papier absorbant, assaisonner de fleur de sel et de poivre du moulin.

Le condiment à l'échalote

Ciseler finement les échalotes et les bourgeons de sapin.
Réaliser une mignonnette avec le poivre en grains à l'aide d'un moulin.
Réunir tous les ingrédients dans une casserole et faire cuire à feu doux, jusqu'à évaporation quasi complète du liquide.
Réserver au frais.

Les gnocchis de pommes de terre
Laver les pommes de terre et les placer sur un lit de gros sel. Faire cuire 45 min à four sec à 160°C. Passer la pulpe de pommes de terre au tamis fin pour obtenir 140 g.
Incorporer le jaune d'œuf puis le sel et la farine.
Façonner la préparation en gnocchis de 8 g, puis les former à l'aide d'une planche à gnocchis.
Les pocher délicatement dans un grand volume d'eau salée et portée à ébullition.
Dans un fumoir, fumer les gnocchis avec les épines de sapin frais pendant 10 à 15 min. Réserver soigneusement au frais sur plaque.
Au moment de servir, dans une poêle chaude, à feu vif, caraméliser les gnocchis au beurre clarifié pour leur donner une belle coloration blonde et une texture croustillante.

La résille de pommes de terre
Laver et éplucher les pommes de terre. Utiliser une dérouleuse pour obtenir de longues lanières. Réaliser des rouleaux, puis détailler en fils à l'aide d'un couteau éminceur.
Les plaquer sur un tapis de cuisson en formant des dentelles, puis les badigeonner de beurre clarifié. Recouvrir d'un second tapis de cuisson, puis d'une plaque. Faire cuire 30 min environ sous presse à four sec, à 130 °C. Réserver dans un endroit sec sur une feuille de papier absorbant.

La bisque d'écrevisses
Concasser les têtes d'écrevisses en petits morceaux réguliers. Détailler la garniture aromatique (échalote, céleri-branche et tomates cerises) en mirepoix.
Dans une cocotte en fonte, faire chauffer l'huile à feu vif pour saisir les têtes d'écrevisses et obtenir une caramélisation brune.
Ajouter le beurre puis la garniture aromatique. Laisser blondir jusqu'à une coloration homogène.
Dégraisser, déglacer au cognac puis flamber immédiatement.
Déglacer au vin blanc, puis réduire à sec.
Mouiller avec le fond blanc et la crème. Porter à ébullition et cuire 20 min à frémissement à feu doux, en remuant autant que nécessaire.
Infuser avec le poivre 20 min à couvert, hors du feu.
Mixer et filtrer au chinois étamine.
Faire réduire doucement la bisque jusqu'à l'obtention d'une texture onctueuse. Faire refroidir rapidement et réserver au frais.

Dressage
Déposer une généreuse cuillerée à soupe de bisque chaude dans des assiettes creuses. Dresser harmonieusement écrevisses et gnocchis sur la bisque. Ajouter quelques touches de condiment à l'échalote. Terminer en déposant délicatement la résille de pommes de terre.

QUENELLES DE BROCHET, SAUCE À L'ÉCREVISSE

OLIVIER CANAL

LA MEUNIÈRE
11, rue Neuve – 69001 Lyon
+33 (0) 4 78 28 62 91
www.lameuniere.fr

Véritable institution, La Meunière fait rayonner la cuisine lyonnaise depuis un siècle dans un lieu chargé d'histoire. Après avoir travaillé aux côtés de Mathieu Viannay et de Guy Savoy, Olivier Canal propose au sein de cet authentique bouchon des plats « canailles », préparés avec des produits frais. Pâté-croûte, œufs en meurette, oreiller de la belle meunière, saladiers lyonnais, quenelle de brochet sauce écrevisse, ou encore tête de veau sauce gribiche... Il propose à ses clients de ripailler à travers les grands classiques lyonnais. Il complète aussi régulièrement sa carte de suggestions du marché pour leur proposer des plats frais et légers. Enfin, pour les plus matinaux, l'établissement ouvre ses portes dès 9 heures pour le traditionnel mâchon.

Accord proposé par Gaëtan Bouvier

Château de Pougelon
Beaujolais-Villages Pougelon 2020
Température de service : 16 °C

Le terroir de Saint-Étienne-des-Oullières répond à merveille à la puissance « crustacée » de cette divine sauce à l'écrevisse.

Pour 10 personnes

Pour la sauce à l'écrevisse
- 1 kg d'écrevisses
- Huile d'olive
- 1 carotte
- 1 oignon
- 1 branche de thym
- Le vert de 1 poireau
- 2 gousses d'ail
- 40 g de concentré de tomates
- 10 cl de cognac
- 40 g de farine
- 40 g de beurre
- 1 l de crème 35 % MG
- Sel et poivre

Pour les quenelles
- 180 g de farine
- 25 cl de lait
- 2 œufs

Pour la farce
- 250 g de beurre pommade
- 500 g de chair de brochet
- 6 œufs
- Sel et poivre

La sauce à l'écrevisse

Faire revenir les écrevisses dans l'huile d'olive en les faisant bien colorer, puis les écraser avec un rouleau à pâtisserie. Ajouter la garniture aromatique coupée grossièrement (carotte, oignon, thym, poireau et ail) et le concentré de tomates flambé au cognac. Mouiller en versant 3 l d'eau. Laisser réduire de trois quarts, puis mixer et passer au chinois étamine.

Préparer un roux avec la farine et le beurre, puis l'ajouter à la préparation, de même que la crème.

Les quenelles et la farce

Préparer la panade en mélangeant la farine, le lait et les œufs.

Préparer la farce en mélangeant le beurre pommade, la chair de brochet mixée et passée au tamis, ainsi que les œufs. Saler et poivrer. Mélanger la panade et la farce. Réserver 4 h au frais.

À l'aide d'une cuillère à soupe, mouler des quenelles et les pocher à l'eau bouillante. Elles sont prêtes dès qu'elles remontent à la surface. Laisser refroidir.

Déposer les quenelles dans un plat à gratin, puis arroser de la sauce à l'écrevisse.

Enfourner pour 20 min à 180 °C.

ROUGETS DE ROCHE MARINE, SAFRAN ET FENOUIL

YOHANN CHAPUIS

RESTAURANT GREUZE
1, rue Albert-Thibaudet – 71700 Tournus
+33 (0) 3 85 51 13 52
www.restaurant-greuze.fr

Pensionnaires d'un lieu mythique, où les plus grands ont assis leur appétit, Stéphanie et Yohann Chapuis ont transformé l'héritage du truculent Jean Ducloux en un joyau auréolé d'une étoile au *Guide Michelin* depuis 2008. La Maison Greuze présente aujourd'hui deux jolies tables : L'Écrin de Yohann Chapuis et le Bouchon Bourguignon. L'Écrin, à l'atmosphère chic et cosy, offre une cuisine délicate dans laquelle la Bourgogne s'autorise de délicieuses incursions. Le Bouchon Bourguignon, récompensé d'un Bib Gourmand en 2020, puise son inspiration au plus profond de son terroir, où jambon persillé, escargots, œufs en meurette, bœuf de Charolles et fromages bourguignons donnent mille fois raison à la tradition. Yohann Chapuis a aussi été récompensé en 2021 par le Bocuse d'Or en tant que coach technique pour la Team France avec Davy Tissot.

Accord proposé par Arnaud Chambost

Château Cavalier
Côtes de Provence Grand Cavalier
Notre-Dame des Anges rosé 2019
Température de service : 9-10 °C

Il convient d'accompagner ce plat fin, aux saveurs méditerranéennes d'un grand rosé de gastronomie, gourmand, intense et fragrant. Sa fraîcheur donnera le change.

Pour 6 personnes

- 6 rougets (200 g pièce)

Pour la panacotta au fenouil
- 300 g de fenouils + 50 g pelés et en brunoise
- 10 g d'huile d'olive
- 300 g de crème
- 8 feuilles de gélatine au litre

Pour le sel de rouget
- 500 g de gros sel
- 50 g de sucre en poudre
- 30 g de mignonnette de poivre
- Le zeste de 1 citron vert
- 2 gousses d'ail
- 2 branches de thym

• Pour la marinade
- 150 g d'huile d'olive
- 3 g de Spigol (mélange d'épices, dont du safran)
- 2 g de safran
- 40 g de fenouil bronze
- Zestes de 2 citrons verts
- Sel et poivre

Pour la soupe de poisson
- 1,5 kg de poissons de roche
- 80 g d'huile d'olive
- ½ tête d'ail
- 3 brins de thym
- 2 tomates
- 20 g de fenouil séché
- 2 g de safran
- 50 cl de vin blanc sec
- Sel et poivre

Pour le moelleux
- 8 feuilles de gélatine
- 400 g de crème montée
- 3 g de safran

Pour la vinaigrette au safran
- 500 g d'huile d'olive
- 20 pistils de safran
- 100 g de vinaigre calamansi
- Sel et poivre

La panacotta au fenouil
Faire rissoler les 300 g de fenouils dans l'huile d'olive.
Ajouter la crème et faire cuire 15 min, puis mixer et passer au chinois étamine.
Mouler dans une assiette creuse, puis ajouter la gélatine et la brunoise de fenouil.

Le sel de rouget
Mélanger tous les ingrédients et mettre sous vide.
Réserver 24 h au froid.

La marinade
Mélanger tous les ingrédients. Ne pas placer au réfrigérateur.

Les rougets
Écailler les rougets, puis lever les filets et désarêter.
Les passer 3 h au sel.
Rincer les filets sous un filet d'eau froide et les faire mariner 12 h.
Faire cuire 2 min au four vapeur à 70 °C, ventilation 1.

La soupe de poisson
Colorer les poissons entiers à l'huile d'olive.
Ajouter la garniture (ail en chemise, écrasé, thym, tomates et fenouil séché). Assaisonner de safran, de sel et de poivre.
Déglacer au vin blanc, mouiller à hauteur avec de l'eau et faire cuire 1 h.
Passer au chinois étamine et laisser réduire de moitié.

Le moelleux
Mélanger 500 g de soupe de poisson à 65 °C avec les feuilles de gélatine. Laisser refroidir, puis ajouter la crème montée et le safran.

DOS DE MORUE ÉTUVÉ AUX COQUILLAGES, VELOUTÉ D'HERBES FRAÎCHES

PATRICE CHENET

L'ASSIETTE DU VIN
8, rue Duviard – 69004 Lyon
+33 (0) 4 78 39 07 50
www.lassietteduvin.com

Patrice Chenet s'est installé il y a plus de dix ans dans cet ancien atelier canut de la Croix-Rousse, récemment rénové, alternant bois, pierre et lumière chaleureuse, pour proposer à sa clientèle d'habitués une cuisine créative, influencée par les produits de saison et du marché. Le carré de veau rôti au foin en cocotte, les rognons déglacés au vin de noix artisanal, le foie gras maison et les poêlées de champignons en saison séduisent autant les fins palais que la tarte des canuts, une tourte aux pommes-praline que le chef a imaginée en l'honneur des ouvriers de la soie qui ont travaillés dans ce lieu. L'Assiette du Vin est aussi, comme son nom l'indique, un repaire pour les amateurs de vin, avec une bonne centaine de références à la carte.

Accord proposé par Laurent Derhé

Domaine Blard
AOC Savoie Apremont 2021
Température de service : 11 °C

La fraîcheur et la vivacité du cépage jacquère en parfaite harmonie avec les notes d'iode et de végétal.

Pour 4 personnes

- 250 g de moules
- 250 g de coques
- 50 cl de vin blanc
- 150 g de crème fraîche
- Basilic
- Persil
- Estragon
- Graines germées de légumes
- 150 g d'épinards
- 4 épais pavés frais de morue (200 g pièce environ)
- Huile d'olive
- Poivre sauvage

Faire cuire les moules et les coques à la marinière, avec le vin blanc. Réserver le jus.

Préparer la sauce verte. Faire réduire le jus réservé et la crème. Faire cuire les herbes, les graines germées et les épinards dans la préparation bouillante, à feu éteint. Passer le tout dans un blender et assaisonner.

Enfourner les pavés de morue à 80 °C, dans un fond de vin blanc et couverts de film alimentaire.

Dans des assiettes chaudes, verser une louchée de sauce verte, puis répartir les pavés de morue et les coquillages cuits.

FÉRA BASTA
YOANN CONTE

RESTAURANT YOANN CONTE
13, vieille route des Pensières
74290 Veyrier-du-Lac
+33 (0) 4 50 09 97 49
www.yoann-conte.com

Entre lac et montagne se dresse l'accueillante Maison Bleue d'Élodie et Yoann Conte. Breton de naissance, Savoyard d'adoption, le chef doublement étoilé propose une cuisine sensitive, confectionnée avec des produits de la région. Dans un décor où le bois et les matières naturelles ont la part belle, les convives découvrent des assiettes vivantes, vibrantes et colorées, qui laissent s'exprimer toute la noblesse et la richesse aromatique du végétal. Les légumes, travaillés en différentes textures, sont magnifiés par des herbes sauvages et des fleurs d'alpage, héritage de son passage chez Marc Veyrat. Des histoires aux inspirations montagnardes joliment contées qui laissent place à un second univers, Le Roc, un restaurant chic pour se retrouver avec des amis autour de plats canailles.

Accord proposé par Laurent Derhé

Domaine des Ardoisières
IGP Vins des Allobroges 2020
Température de service : 10 °C

Un poisson fumé, finement relevé par l'ache des montagnes, qui appréciera la minéralité d'un grand vin blanc de Savoie, issu des coteaux de Cevins et magnifiquement travaillé

Pour 8 personnes

- 4 filets de féra
- Gros sel
- Fleur de sel
- Poivre blanc

Pour le beurre d'échalote au vin jaune
- 30 g d'échalote
- 20 cl de vin jaune
- 100 g de beurre pommade
- Fleur de sel

Pour le beurre de laurier
- 5 feuilles de laurier
- 100 g de beurre clarifié

Faire cuire l'échalote ciselée dans le vin jaune (mouiller à hauteur), jusqu'à réduction quasi totale.
Faire réduire vivement et ne pas hésiter à ajouter du vin si besoin.
Laisser refroidir, puis incorporer le beurre pommade.
Assaisonner de fleur de sel.

Faire infuser les feuilles de laurier 10 min environ dans le beurre clarifié.

Saler les filets de féra au gros sel pendant 1 min.
Rincer les poissons, les sécher et les détailler en morceaux de 30 à 40 g. Les placer sur une plaque et les badigeonner de beurre d'échalote.
Enfourner à 70 °C. Sortir les poissons du four quand ils sont à 40 °C à cœur.

Arroser les morceaux de féra avec le beurre de la plaque. Assaisonner de fleur de sel et de poivre blanc. Servir avec le beurre de laurier.

Domaine des Ardoisières
Schiste
2020

COUSSIN DE GRENOUILLES AU YUZU

OLIVIER CORMORÈCHE

LA TOUR COCOONING & GASTRONOMIE
Place de la République
01400 Châtillon-sur-Chalaronne
+33 (0) 4 74 55 05 12
www.hotel-latour.com

En plein cœur de la cité médiévale de Châtillon-sur-Chalaronne, aux maisons typiques à colombages et aux ponts fleuris, s'élève une bâtisse de caractère datant du XIVe siècle où se perpétue l'esprit maison d'hôtes depuis trois générations. Formé à l'excellence par les chefs Jean-Paul Lacombe et Georges Blanc, Olivier Cormorèche cuisine avec amour et générosité les produits de la région, notamment ceux du marché local, réputé pour être l'un des plus beaux de France. À la carte, la volaille de la Dombes fait saliver autant que la poêlée de grenouilles ou que le vol-au-vent aux ris de veau et à la crème d'Étrez, et le Délice de nos Grands-mères rivalise avec les œufs à la neige, la mousse au chocolat et la crème brûlée.

Accord proposé par Laurent Derhé

Stéphane Montez
AOC Condrieu 2021
Température de service : 11 °C

La finesse aromatique et l'onctuosité du cépage viognier accompagne à merveille ces grenouilles légèrement crémées et safranées.

Pour 4 personnes

Pour les grenouilles
- 2 échalotes
- Huile d'olive
- ½ litre de vin blanc
- ½ litre de fumet de poisson
- 2 c. à soupe de crème épaisse
- Curcuma
- Sel et poivre
- Bouquet garni
- 500 g de grenouilles

Pour les tomates confites
- 1 kg de tomates
- Sel et poivre

Pour le beurre blanc au yuzu
- 2 échalotes
- 20 cl de vin blanc
- Pistils de safran
- 50 cl de crème
- 50 g de beurre
- 10 g de fécule (facultatif)
- Concentré de yuzu

Les grenouilles
Faire revenir les échalotes hachées dans un peu d'huile d'olive. Ajouter le vin blanc et le fumet de poisson ainsi que le bouquet garni. Plonger les grenouilles et monter à ébullition. Laisser cuire 2 min, puis égoutter. Désosser les grenouilles et ajouter la crème épaisse et une pointe de curcuma. Vérifier l'assaisonnement et réserver au réfrigérateur.

Les tomates confites
Monder les tomates, les couper en deux et enlever les pépins. Les mettre directement sur une plaque et assaisonner. Enfourner pour 30 min à 150 °C. Réserver dans une assiette.

Le beurre blanc au yuzu
Faire réduire les échalotes avec le vin blanc et les pistils de safran. Ajouter la crème et monter au beurre (incorporer éventuellement de la fécule). Verser quelques gouttes de concentré de yuzu et mélanger.

Dressage
Dans un cercle de 5 cm de diamètre et de 4 cm de hauteur, placer ½ tomate confite, ajouter les grenouilles, puis recouvrir d'une autre demi-tomate. Enfourner pour 8 min à 180 °C.
Si besoin, égoutter. Napper chaque assiette de beurre blanc au yuzu, puis démouler le cercle au centre.

ANDOUILLETTE DE HOMARD EN CRÉPINETTE DE CHOU CHINOIS, ÉMULSION DE SOJA ET CITRON VERT AU GINGEMBRE

FRÉDÉRIC CÔTE

AU COLOMBIER
126, allée du Colombier – 69480 Anse
+33 (0) 4 74 67 04 68
www.aucolombier.com

C'est en bordure de Saône, dans un écrin de nature préservé, que Frédéric Côte, passé par les cuisines de Francis Chauveau, Georges Blanc et Daniel Boulud, fait le bonheur des gourmets. Au menu, une cuisine du marché pleine de soleil, où le chef, récompensé d'un Bib Gourmand depuis 2014, ne lésine pas sur les herbes aromatiques, avec la soupe d'olives vertes, rémoulade de crabes à la tomate et au basilic ou les grenouilles fraîches en persillade. Avec l'un de ses plats fétiches, l'andouillette de homard au chou chinois, sauce soja, citron vert et gingembre, Frédéric Côte fait un clin d'œil à l'emblématique spécialité lyonnaise. Une cuisine à apprécier sous la paillote, à l'ombre d'une glycine en fleur ou au coin de la cheminée l'hiver.

Accord proposé par Laurent Derhé

Domaine Thibert
AOC Pouilly-Fuissé - Les Vignes Blanches
2016
Température de service : 13 °C

Ce chardonnay issu d'un grand terroir apporte toute sa délicatesse en accompagnement du homard.

Pour 4 personnes

- 1 homard cuit et décortiqué (700 g environ)
- 150 g de queues de gambas décortiquées
- 25 cl de crème liquide
- 8 feuilles de chou chinois
- 150 g de crépine de porc
- 2 citrons verts
- 10 g de gingembre frais
- 10 cl de sauce soja salée
- 120 g de beurre
- Huile d'olive
- 300 g de shiitakés ou de lentins de chêne
- Sel et poivre

De préférence, faire préparer le homard par un poissonnier ou un écailler.

Préparer la farce fine de gambas. Mixer les queues de gambas avec du sel et du poivre.
Incorporer la crème, jusqu'à obtenir une consistance épaisse. Réserver au frais.

Faire blanchir les feuilles de chou chinois à l'eau bouillante, puis les rafraîchir. Tailler le homard en gros cubes.

Sur le plan de travail propre, disposer la crépine pour obtenir un carré de 20 × 20 cm. Y placer 2 feuilles de chou chinois bien épongées, 1 grosse quenelle de farce de gambas, au centre, puis des morceaux de homard.
Refermer la crépine pour former une andouillette.
Répéter l'opération pour confectionner 4 andouillettes.

Préparer le beurre de soja et citron vert au gingembre.
Faire bouillir 25 cl d'eau, le jus des citrons verts, le zeste de 1 citron vert, le gingembre râpé, la sauce soja et le beurre en dés pendant 45 min. Laisser infuser.

Enfourner les andouillettes de homard pour 12 min à 190 °C, avec un peu d'huile d'olive.

Laver et émincer les champignons. Les poêler rapidement avec un peu d'huile d'olive et du poivre (pas de sel).

Au centre d'assiettes creuses, placer les champignons poêlés et 1 andouillette de homard, nappée de beurre de soja et citron vert au gingembre, mixé en mousse légère.

QUENELLES DE BROCHET, BISQUE D'ÉCREVISSES

OLIVIER DEGAND

LA FERME DU POULET
180, rue Georges-Mangin
69400 Villefranche-sur-Saône
+33 (0) 4 74 62 19 07
www.lafermedupoulet.com

C'est dans un ancien monastère du XVe siècle caractéristique du Beaujolais, avec ses pierres dorées, qu'Olivier et Catherine Degand vous accueillent dans leur restaurant gastronomique. Formé auprès de Gérard Boyer à Reims (La Chaumière), Michel Guérard à Eugénie-les-Bains (Les Prés d'Eugénie) et Jacques Maximin à Paris (Le Doyen), le chef, récompensé d'un Bib Gourmand 2019, met son talent et son expérience au service d'une cuisine inventive, célébrant le terroir régional au gré des saisons. Le pâté-croûte bressan aux gènes et condiments « champion du monde 2016 », la volaille de Bresse aux morilles, crêpes parmentières, ou la quenelle de brochet aux écrevisses reflètent bien cette passion du terroir.

Accord proposé par Arnaud Chambost

Domaine Rouvière
AOC Condrieu 2019
Température de service : 12-13 °C

Ce mets traditionnel et succulent convie un vin aromatique, structuré et charmeur. Le subtil viognier est le partenaire idéal, dévoilant ses arômes d'abricot, de miel et d'amande amère. Un condensé de gourmandise !

Pour 8 personnes

- 400 g de chair de brochet
- 5 blancs d'œufs
- 400 g de crème épaisse
- 60 g de beurre pommade
- Sel et poivre

Pour la bisque d'écrevisses

- 800 g d'écrevisses (40 pièces)
- 10 cl d'huile d'olive
- 100 g d'oignon, de carotte et de poireau
- Concentré de tomates
- 50 g de céleri-branche
- 10 cl de vin blanc
- Bouquet garni
- 200 g de crème épaisse

Pour la pâte à choux

- 80 g d'eau
- 40 g de beurre
- 60 g de farine
- 2 œufs
- Sel

La bisque d'écrevisses

Plonger les écrevisses 5 min dans de l'eau bouillante, puis les rafraîchir dans une eau glacée et les décortiquer. À l'aide d'un pilon, broyer les têtes en en réservant 8 pour le dressage. Placer les carcasses dans l'huile d'olive bien chaude, puis ajouter la carotte et l'oignon coupés en dés. Ajouter le concassé de tomates et le céleri branche. Mouiller avec le vin blanc, laisser réduire de moitié et compléter avec l'eau de cuisson des écrevisses. Ajouter le bouquet garni. Laisser de nouveau réduire de moitié 1 h à feu doux. Passer le fumet au presse-légumes et incorporer la crème. Faire cuire jusqu'à obtenir une bisque. Vérifier l'assaisonnement et maintenir au chaud.

La pâte à chou

Dans une sauteuse, mettre l'eau, le sel et le beurre en petites portions. Porter le mélange à ébullition pour obtenir simultanément la fusion du beurre et de l'eau. Retirer du feu, verser en une seule fois la farine tamisée et mélanger à l'aide d'une spatule. Remettre la sauteuse sur le feu et dessécher la détrempe jusqu'à ce qu'elle n'adhère plus à la paroi du récipient ni à la spatule. Débarrasser la détrempe dans un saladier, incorporer les œufs un à un en remuant énergiquement, corner le saladier et débarrasser au frais.

Les quenelles

Mixer la chair de brochet avec les blancs d'œufs. Passer au tamis, puis ajouter la crème, du sel et du poivre. Incorporer la pâte à choux froide. À l'aide de deux cuillères à soupe, former des quenelles et les pocher 2 min à l'eau frémissante.

Dressage

Dresser les quenelles dans un plat creux. Ajouter les queues d'écrevisses chaudes. Décorer avec les têtes réservées et verser la bisque très chaude.

LOTTE À LA VERTICALE, PÂTE DE CITRON ET AMANDES ÉCLATÉES

STÉPHANE FROIDEVAUX

LE FANTIN LATOUR
1, rue du Général-de-Beylié
38000 Grenoble
+33 (0) 4 76 24 38 18
www.fantin-latour.fr

Stéphane Froidevaux est le chef qui, en 2021, a offert à Grenoble sa première étoile au *Guide Michelin* du XXIe siècle. Formé à l'école de Marc Veyrat, cet amoureux de la montagne et de la nature est tombé sous le charme du cadre majestueux de l'ancien musée Fantin-Latour, qui abrite depuis quinze ans ses envolées culinaires. Celles-ci, magnifiées par les herbes alpines qu'il cueille chaque lundi d'été dans les montagnes, servent une cuisine entre texture et émotion, dont chaque assiette conte un souvenir d'enfance… L'hiver, quand la neige recouvre les massifs alpins, le chef travaille la truffe, les agrumes, les épices et les légumes anciens, des produits que l'on retrouve dans des menus surprises offrant de trois à neuf créations.

Accord proposé par Laurent Derhé

Château Carbonnieux
AOC Pessac-Léognan 2016
Température de service : 12 °C

La finesse d'un grand blanc bordelais en accord parfait avec cette lotte finement citronnée.

Pour 4 personnes

- 5 citrons + 5 cl de jus
- 150 g de sucre en poudre
- 1 c. à soupe de cassonade
- 15 baies de genièvre
- 50 g de beurre
- 100 g d'amandes entières
- 400 g de filets de lotte
- 12 branches de noisetier de 12 cm
- 5 cl d'huile d'olive
- Sel et poivre

La marmelade de citron

Peler les citrons et les couper en morceaux en réservant 2 zestes. Dans une casserole, porter 20 cl d'eau avec le sucre en poudre. Y faire cuire les morceaux de citron 15 min à feu doux.
Mixer la marmelade et filtrer.

La crème au beurre

Mixer 2 c. à soupe de la marmelade avec 7 c. à soupe d'eau chaude, le jus de citron, la cassonade et 3 baies de genièvre.
Émulsionner 2 min, puis incorporer le beurre.
Verser dans une saucière.

La lotte

Concasser finement le reste des baies de genièvre.
Enfourner les amandes pour 10 min à 150 °C.
Détailler la lotte en 12 morceaux, les piquer sur les branches de noisetier et les assaisonner de sel et de poivre.
Les faire cuire dans une poêle avec l'huile d'olive, 1 min de chaque côté.
À l'aide d'un pinceau, napper de marmelade de citron.
Saupoudrer d'amandes concassées, puis des zestes de citron. Déguster chaud avec la crème au beurre.

ROUGETS BARBETS GRILLÉS, AUBERGINES BRÛLÉES ET TOMATE STEAK

CLOVIS KHOURY

MAISON CLOVIS
19, boulevard des Brotteaux – 69006 Lyon
+33 (0) 4 72 74 44 61
www.maisonclovis.com

Une envie de surprendre, de ne pas laisser indifférent. Après avoir travaillé plusieurs années aux côtés de Marc Veyrat et de Philippe Gauvreau, Clovis Khoury, d'origine libanaise, mise tout sur le goût et l'explosion de saveurs. Chez Clovis, la carte change constamment, rythmée par les saisons et les envies du chef. Celui-ci comble toutefois avec malice tous ceux qui viennent spécialement goûter aux grands classiques de la maison, que ce soit le homard breton poché minute ou la pomme de ris de veau en croûte d'herbe. Le tout est arrosé de nectars d'ici et d'ailleurs (pas moins de 1 000 références) venant sublimer les mets proposés, notamment via des accords finement ciselés.

Accord proposé par Fabrice Sommier

Domaine de l'Anglade
IGP Maures blanc, cuvée classique 2020
Température de service : 10 °C

Une robe jaune paille avec des reflets dorés ; un nez frais avec une explosion d'agrumes et de pêches blanches.
La bouche est franche et nette, avec une touche anisée qui offre une belle rondeur finale. Un vin tout en équilibre, un accord tout en finesse.

Pour 4 personnes

- 2 rougets barbets (200-300 g pièce) écaillés, levés et désarêtés
- 2 aubergines
- 50 g de pignons de pin
- Huile d'olive
- 2 bottes de basilic
- 1 tomate steak ou cœur de bœuf
- Piment d'Espelette
- Sel et poivre

La garniture d'herbes sauvages
- Oxalis
- Égopode
- Oseille en écusson
- Achillée millefeuille

Demander au poissonnier de lever et de désarêter les filets de rougets.

Brûler les aubergines de tous les côtés, directement sur un feu nu ou sur la braise d'un barbecue, jusqu'à ce qu'elles soient confites.
Retirer la peau des aubergines et les presser pour faire sortir leur eau.
Les couper grossièrement, saler et poivrer. Parsemer des pignons de pin et arroser d'un filet d'huile d'olive.

Préparer une huile d'olive au basilic. Plonger les feuilles de basilic 30 s dans de l'eau bouillante, puis les refroidir aussitôt dans une eau glacée.
Égoutter, presser et mixer avec 4 c. à soupe d'huile d'olive.
Laisser reposer 12 h, jusqu'à ce que l'huile prenne une couleur verte.

Préparer la soupe de tomate.
Couper la tomate en petits morceaux. Saler, poivrer et parsemer de piment d'Espelette, puis mixer le tout et passer au chinois étamine. Réserver au frais.

Au moment de servir, poêler les filets de rougets, dans une poêle antiadhésive, 1 min côté peau et 15 s côté chair.
Dans chaque assiette creuse, déposer la moitié d'une aubergine, surmonter de 1 filet de rouget et agrémenter d'herbes sauvages.
Verser un peu de soupe de tomate et un filet d'huile d'olive au basilic. Servir aussitôt.

CAVIAR KAVIARI, HADDOCK, POMMES DE TERRE

ARNAUD LALLEMENT

L'ASSIETTE CHAMPENOISE
40, avenue Paul-Vaillant-Couturier
51430 Tinqueux
+33 (0) 3 26 84 64 64
www.assiettechampenoise.com

Non loin de Reims, sous les trois étoiles de L'Assiette Champenoise de Tinqueux, Arnaud Lallement conserve depuis 1997 ce précieux leitmotiv : « Il ne faut jamais oublier d'où on vient, où on se trouve et pour qui on cuisine. » Formé à l'excellence par Roger Vergé, Michel Guérard et Alain Chapel, le chef surprend par sa cuisine axée sur le produit et la mise en valeur de ses producteurs. À la carte, on retrouve des intemporels revisités au fil des ans, comme le foie gras de champagne ou le homard bleu, ainsi que des nouveautés qui apparaissent au gré des saisons, tels l'oursin de Bretagne, l'agneau de M. Laluc, la poularde de la Cour d'Armoise ou le ris de veau de lait. Arnaud Lallement s'attache à confectionner une cuisine droite, pure, avec une parfaite maîtrise de l'acidité, pour réveiller la douceur d'un produit.

Accord proposé par Fabrice Sommier

Maison Castelnau
AOP Champagne, Solera ES 9.1
Température de service : 12 °C

Belle robe jaune or pâle, avec un fin et délicat cordon de bulles. Le nez est très frais, avec un subtil mélange de fruits et d'épices. La bouche est légèrement saline et très friande.

Pour 4 personnes

- 120 g de caviar osciètre royal

Pour la crème de ciboulette
- 20 g d'oignon rouge
- 20 g de ciboulette
- 1 feuille de gélatine
- 250 g de crème fraîche épaisse
- 4 g de sel
- 1 g de poivre
- 1 cl de vodka

Pour la gelée de haddock
- 40 g d'oignon
- 40 g de pomme de terre
- 40 g de poireau
- 40 g de céleri-branche
- 20 g de beurre
- ¼ de gousse d'ail
- 250 g de haddock
- 200 g de fumet de poisson
- 130 g de crème liquide
- 100 g de lait
- 3 feuilles de gélatine

Pour la mousse de pommes de terre
- 45 g d'oignon
- 250 g de pommes de terre
- 80 g de fond de volaille
- 6 g de sel
- 170 g de lait
- 170 g de crème liquide
- Poivre

Pour le jus vert
- 125 g de pousses d'épinards

Pour les croûtons
- 1 tranche de pain de mie

La crème de ciboulette

Éplucher et émincer l'oignon rouge. Ciseler la ciboulette.
Faire chauffer 25 g d'eau.
Pendant ce temps, plonger la gélatine quelques minutes dans de l'eau bien froide afin de la réhydrater. Essorer avec les mains et incorporer à l'eau chaude. Ajouter la crème, l'oignon, la ciboulette, le sel, le poivre et la vodka.
Mixer et passer au chinois étamine.
À l'aide d'un emporte-pièce de 14 cm de diamètre, déposer 1 c. à soupe de cette préparation dans chaque assiette.
Laisser prendre 10 min au frais.

La gelée de haddock

Éplucher l'oignon, la pomme de terre, le poireau et le céleri-branche, puis les couper en morceaux.
Faire suer 15 min au beurre sans coloration.
Ciseler l'ail et couper le haddock en dés, puis les incorporer aux légumes.
Mouiller avec le fumet de poisson, la crème et le lait.
Poursuivre la cuisson 20 min environ. Mixer et passer au chinois étamine.
Plonger les feuilles de gélatine dans de l'eau bien froide afin de les réhydrater. Essorer avec les mains et incorporer à la préparation chaude. Laisser refroidir.
Sortir les assiettes du réfrigérateur et verser la gelée de haddock sur la crème de ciboulette prise. Remettre au frais.

La mousse de pommes de terre

Éplucher et émincer l'oignon, puis le faire suer sans coloration.
Éplucher les pommes de terre et les tailler finement.

Mélanger avec l'oignon.
Mouiller la préparation avec le fond de volaille. Ajouter le sel et une pincée de poivre, puis faire cuire 20 min. Ajouter le lait et la crème. Poursuivre la cuisson jusqu'à réduire le volume de liquide à 600 g. Mixer et verser l'appareil dans un siphon avec une cartouche. Réserver au frais.

Le jus vert
Blanchir les pousses d'épinards quelques minutes. Égoutter et mixer avec un peu d'eau. Passer au chinois étamine et verser dans une pipette.

Les croûtons
Couper 12 ronds de 3 cm dans les tranches de pain. Les déposer sur une plaque et enfourner pour 5 min à 180 °C.

Dressage
Sortir les assiettes du réfrigérateur. À l'aide de la pipette, disposer des points de jus vert sur les assiettes.
Placer une quenelle de caviar sur la gelée de haddock et y planter 3 croûtons en épi sur le caviar.
Servir la mousse de pommes de terre à table.

HOMARD EN TOUTE SIMPLICITÉ
CHRISTIAN LAVAULT

UNE FAIM D'APPRENDRE
24, av. Joannes-Masset – 69009 Lyon
+33 (0) 9 62 60 92 68
www.unefaimdapprendre.eatbu.com

D'une amitié qui dure depuis trente belles années est né un lieu peu commun où le plaisir de transmettre est aussi fort que celui de créer de belles assiettes. À travers Une Faim d'Apprendre, Dominic Moreaud et Christian Lavault forment aux métiers de la restauration, grâce à un cursus adapté, des hommes et des femmes qui vivent des moments de vie compliqués. Une Faim d'Apprendre, le restaurant d'application de leur centre de formation ABCR, où l'humanité est la première des valeurs, permet aux élèves d'apprendre pour rebondir. Car si les plats sont assurément bons, ici, c'est avant tout l'aventure humaine qui donne toutes ses saveurs à cette cuisine de brasserie généreuse et conviviale.

Accord proposé par Fabrice Sommier

Domaine Laroche
Chablis Grand Cru, La Réserve de l'Obédience 2018
Température de service : 13 °C

Une robe jaune pâle aux reflets vif argent. Un nez de fruits blancs et secs, avec une touche de pomme verte et de citron. Une bouche fraîche avec une finale assez ronde et une belle matière.

Pour 4 personnes

- 2 homards canadiens (500 g pièce)
- Huile d'olive
- 150 g de Noilly Prat
- 150 g de vin blanc sec
- 1 c. à soupe de concentré de tomates
- 400 g de crème fleurette
- Poireaux, carottes, navets, petits pois, haricots mange-tout, pointes d'asperges (au choix)

Pocher les homards 15 à 20 min au court-bouillon parfumé (légumes, laurier, thym, clous de girofle, etc.). Conserver ce bouillon pour la cuisson des légumes.

Décortiquer les homards en récupérant les carcasses et les déchets.
Les faire revenir à l'huile d'olive. Ajouter le concentré de tomates. Déglacer au Noilly Prat, puis mouiller avec le vin blanc. Laisser réduire légèrement, ajouter du bouillon de cuisson des homards, laisser réduire de nouveau, puis crémer et laisser réduire jusqu'à la consistance désirée.

À côté, faire cuire les légumes dans l'eau de cuisson des homards.

Dresser les assiettes. Parsemer éventuellement de coriandre, d'estragon, etc. selon le goût.

POULPE AU GRIL, POLENTA CRÉMEUSE AU CHIPOTLE & SAUCE À L'ENCRE DE SEICHE

THOMAS LEMAIRE

TABLE & PARTAGE
52, rue Étienne-Richerand – 69003 Lyon
+33 (0) 4 87 24 79 74
www.table-et-partage.com

Comme son nom le laisse penser, Table et Partage est un restaurant où l'échange, la convivialité et le plaisir de se retrouver autour d'une table accueillante et chaleureuse sont les valeurs essentielles. Dans un décor épuré, ponctué de cactées, Thomas Lemaire apprête des assiettes dont les saveurs invitent au voyage, comme la rose de saumon mariné façon gravlax au mezcal ou le poulpe grillé servi avec une polenta crémeuse aromatisée aux chipotles. Vainqueur du Trophée de la bistronomie en 2021 et lauréat du Meilleur resto de quartier 2022 pour le 3e arrondissement de Lyon, Thomas Lemaire, avec son épouse Susana, a fait le choix d'une carte courte afin de n'utiliser que des produits frais en circuit court.

Accord proposé par Fabrice Sommier

Château Barbanau Romain Tchenio
AOP Côtes de Provence rosé 2020
Température de service : 11 °C.

Une belle robe rose, vibrante, avec des reflets framboise. Le nez est puissant, avec des notes de tilleul, de citronnelle et de pamplemousse. La bouche est incroyable, avec de la richesse et beaucoup d'élégance. La finale est d'une longueur agréable, avec un supplément d'âme. Une superbe cuvée !

Pour 8 personnes

Pour le poulpe
- 1 poulpe (2,5 kg)
- 80 g de gingembre frais
- 4 bâtons de citronnelle
- 20 g d'étoiles de badiane
- 20 g de cannelle en bâton
- 1 gousse d'ail

Pour la polenta crémeuse
- 15 cl de lait
- 15 cl de crème liquide 30 % MG
- 1 piment chipotle
- 80 g de polenta
- 40 g de parmesan en poudre
- 4 cl d'huile d'olive extra-vierge
- Sel

Pour la sauce à l'encre de seiche
- 50 g d'échalote
- 10 cl de vin blanc
- 15 g de fumet de poisson déshydraté
- 10 cl de crème liquide 30 % MG
- Encre de seiche

Dressage
- Pop-corn
- Herbes fraîches
- Copeaux de parmesan frais
- Coulis de piquillos

Le poulpe

Couper les tentacules du poulpe. Les faire cuire 4 h dans un bouillon aromatisé avec les épices, sans porter à ébullition. Une fois les tentacules cuits, les laisser refroidir dans le bouillon de cuisson.

La polenta crémeuse

Dans une casserole, porter à ébullition le lait, la crème, 15 cl d'eau, le piment concassé et un peu de sel.
Ajouter en pluie la polenta. Remuer 5 min avec un fouet et rectifier l'assaisonnement. Incorporer le parmesan et l'huile d'olive.

La sauce à l'encre de seiche

Émincer l'échalote finement. La faire suer dans une casserole, puis déglacer au vin blanc et faire réduire de moitié.
Ajouter le fumet de poisson et la crème. Faire réduire jusqu'à la consistance désirée et incorporer l'encre de seiche.

Dressage

Dresser harmonieusement la polenta au centre des assiettes.
Surmonter des tentacules de poulpe préalablement passés au gril.
Ajouter le pop-corn, les herbes et les copeaux de parmesan.
Verser la sauce à l'encre de seiche et le coulis de piquillos (crème réduite avec des piquillos mixés).

GRENOUILLES À LA CRÈME DE BRESSE

ÉRIC LÉPINE

ÉMILE JOB
12, rue du Pont
01090 Montmerle-sur-Saône
+33 (0) 4 74 69 33 92
www.restaurantemilejob.com

Entre Dombes et Beaujolais, trois générations ont œuvré à la réputation de l'Hôtel du Rivage, rebaptisé, en 2003, Émile Job, en hommage au beau-père du chef Éric Lépine, auprès duquel il a travaillé pendant quinze ans. Depuis leur rencontre dans les cuisines étoilées du chef Pierre Orsi, Éric Lépine et son épouse, Isabelle, ont à cœur de mettre en valeur les produits nobles de leur région : grenouilles persillées et crêpes parmentières, volaille de Bresse à la crème aux morilles, friture d'ablettes… Outre ces spécialités emblématiques, la carte se renouvelle selon les saisons, avec le tartare de daurade à la coriandre fraîche et la pressée de lapin aux aromates, accompagnée d'une confiture d'oignons rouges.

Pour 4 personnes

- 900 g de grenouilles fraîches
- 80 g de beurre
- 1 c. à soupe d'huile d'olive
- 8 cl de vin blanc
- 10 cl de crème épaisse de Bresse
- 1 botte de ciboulette
- Le jus de 1 citron
- 4 gousses d'ail
- Sel et poivre

Bien éponger les grenouilles dans un torchon.
Les faire sauter dans une poêle chaude avec le beurre et l'huile d'olive, pour donner une belle coloration aux grenouilles. Saler et poivrer.
Retirer les grenouilles et les réserver dans une assiette.

Déglacer la poêle au vin blanc. Faire réduire le vin d'un tiers, puis ajouter la crème de Bresse.
Faire de nouveau réduire d'un tiers. Ajouter la ciboulette émincée, le jus de citron et l'ail haché. Laisser mijoter 3 à 4 min.

Remettre les grenouilles dans la poêle et servir très chaud.

Accord proposé par Arnaud Chambost

Domaine Anne-Sophie et Jean-François Quénard
Chignin-Bergeron, Chignin (73),
Les Éboulis 2020
Température de service 12/13 °C

Le bergeron, cépage savoyard, s'exprime par la rondeur, la générosité, et il s'équilibre par la tension modérée. Ses arômes de pomme au four, de miel et floraux sauront se parfaire en s'alliant à ce plat goûteux et suave.

LANGOUSTINES CONFITES À LA NAGE, TARTARE DE BETTERAVE, POMME ET NOIX

JEAN-FRANÇOIS MALLE

LA ROTONDE
3, avenue Georges-Bassinet
69260 Charbonnières-les-Bains
+33 (0) 4 78 87 79 70
www.pavillon-rotonde.com

Dans un cadre naturel d'exception, la cuisine étoilée de Jean-François Malle met les sens en éveil au sein de l'Hôtel***** & Spa Le Pavillon. D'origine bretonne, formé par une kyrielle de chefs renommés (Georges Paineau, Nicolas Le Bec, Davy Tissot...), ce champion du monde de pâté-croûte 2013, doublé du titre de champion du monde de poulet de Bresse à la crème 2023, a aussi une vraie sensibilité pour les produits de la mer et les saveurs iodées. En atteste la toujours surprenante lotte aux coquillages, citron confit et Noilly Prat. Selon la saison, on chavire pour la Saint-Jacques, l'agneau de pré-salé du Mont-Saint-Michel, ou encore le homard bleu de Bretagne. Une expérience gustative extraordinaire entre terroir et océan, dans une salle lumineuse ouverte sur un parc arboré aux portes de Lyon.

Accord proposé par Fabrice Sommier

Clos Colonna
AOP Sartène rosé
Température de service : 10 °C

La robe est d'un rose frais et délicat, tout en charme. Nez de fruits noirs et d'épices, avec une touche de cédrat. La bouche est intense et d'une belle longueur, avec une touche saline.

Pour 4 personnes

- 12 langoustines calibre 10/15
- Huile d'olive
- Gingembre râpé
- Le jus et les zestes d'1 citron
- 1 betterave crapaudine cuite au feu de bois
- 1 pomme granny
- 100 g de comté
- Noix décortiquées
- Huile de noix
- Vieux vinaigre de Xérès
- 1 betterave chioggia
- Gingembre frais
- ½ botte d'aneth
- 430 g de betterave centrifugée
- 5 feuilles de gélatine
- 4 huîtres n° 2
- Fleurs de bourrache
- Sel et poivre du moulin

Décortiquer les langoustines, puis faire mariner les queues (huile d'olive, gingembre râpé, zestes de citron, sel et poivre du moulin).

Couper la betterave crapaudine, la pomme et le comté en dés. Concasser les noix. Mélanger, puis assaisonner à l'huile de noix et au vieux vinaigre de Xérès.
Tailler la betterave chioggia en copeaux, puis les faire cuire 30 min par le froid dans de l'eau glacée, pour rendre le légume bien croquant.
Hacher le gingembre et l'aneth.

Mélanger la betterave centrifugée avec 35 g de vieux vinaigre et la gélatine. Mettre en siphon avec 2 cartouches de gaz, pour l'espuma. Réserver au froid.

Tailler 4 langoustines en tartare, puis mélanger avec le jus de citron et l'aneth.

Cuire 8 queues de langoustines, soit en les rôtissant 20 s sur chaque face, soit à basse température, 2 min à 85 °C.

Dans chaque assiette, cercler le tartare de betterave, poser au centre 1 huître décortiquée, puis 2 queues de langoustines de chaque côté.
Mouler le tartare de langoustines en petites quenelles.
Au dernier moment, avec le siphon, déposer l'espuma de betterave sur l'huître, ainsi que quelques fleurs et tiges de bourrache qui ont un goût iodé.

SANDRE RÔTI AU BEAUJOLAIS BLANC, FRICASSÉE DE LÉGUMES PRIMEURS

AURÉLIEN MÉROT

L'AUBERGE DU CEP
11, rue des Quatre-Vents – 69820 Fleurie
+33 (0) 4 74 04 10 77
www.aubergeducep.com

Au cœur du Beaujolais, Aurélien Mérot et son épouse Camille ont repris avec bonheur un lieu chargé d'histoire où la dernière Mère beaujolaise, Chantal Chagny, a officié pendant plus de quarante ans. Le chef, formé à l'excellence auprès des MOF Jean-Yves Leuranguer et Guy Lassausaie, propose une cuisine authentique et moderne, couronnée d'une étoile. Sous le regard bienveillant de la célèbre Madone de Fleurie, les produits de la région défilent, du pâté-croûte au ris de veau et foie gras, au risotto d'épeautre et crème à l'oseille, en passant par le soufflé à la vanille Bourbon et au Grand Marnier. Sans faire ombrage à l'emblématique poulet fermier de l'Ain cuisiné au vin de Fleurie, à la carte depuis plus de cinquante ans.

Pour 8 personnes

- 1 sandre (750 g)
- 8 échalotes
- 1 blanc de poireau
- 50 g de beurre
- 200 g de champignons de Paris
- 75 cl de beaujolais blanc
- 1 l de crème liquide
- Huile d'olive
- 4 carottes nouvelles
- 4 pointes d'asperges
- 1 brocoli
- 8 radis de différentes couleurs
- 8 pommes de terre grenailles
- Petites herbes du jardin (oxalis, pourpier, moutarde rouge métis, etc.)
- Sel et poivre

La veille
Lever les filets du sandre et conserver l'arête.
Concasser l'arête de sandre et la faire dégorger toute une nuit.

Le jour même
Émincer les échalotes et le poireau, puis les faire suer dans le beurre.
Ajouter les champignons de Paris et faire revenir quelques minutes.
Ajouter l'arête concassée et prolonger la cuisson de 5 min.
Verser le vin et faire réduire.
Ajouter la crème et faire réduire de nouveau. Retirer du feu et passer au chinois étamine.

Tailler 8 pavés dans le poisson. Les assaisonner et les faire cuire côté peau dans un filet d'huile d'olive.

Éplucher les légumes, les tailler et les faire cuire successivement à l'anglaise.

Dresser harmonieusement les assiettes et parsemer des herbes.

Accord proposé par Arnaud Chambost

Maison Trénel
Saint-Véran 2021
Température de service : 10-11 °C

Pour agrémenter la finesse du sandre juste saisi et de sa sauce très parfumée, le chardonnay s'impose par sa droiture, sa franchise et sa fraîcheur. Ses arômes de tilleul, d'agrumes et de pierre à fusil s'accordent agréablement avec les légumes nouveaux aussi bien qu'avec les herbes aromatiques.

HUÎTRES MARENNES-OLÉRON N° 2, CHOU KALE ET ÉCHALOTE

FLORENT POULARD

MONSIEUR P
8, place des Célestins – 69002 Lyon
+33 (0) 4 81 18 70 24
www.monsieurp.fr

Florent Poulard a fait ses classes dans plusieurs maisons d'exception : Alain Chapel, Guy Savoy, Alain Passard et Daniel Boulud. En 2020, il jette son dévolu sur la place des Célestins et l'ancienne adresse du chef étoilé Christian Bourillot. Celui qui se définit avant tout comme un aubergiste propose une cuisine gastronomique française, à la fois authentique et innovante, basée sur le respect des produits et les souvenirs de ses différents voyages. Dans un cadre convivial et chaleureux, on retrouve quelques incontournables, comme les huîtres Marennes-Oléron n° 2, servies avec différentes textures de chou kale et un sorbet échalote, champagne, vinaigre de Xérès et poivre noir, la fine raviole de volaille de l'Ain au foie gras et à l'hysope, ou encore le flan pâtissier inspiré de sa grand-mère maternelle.

Accord proposé par Maxime Valéry

Taiyo Taiyozakari
Murakami (Niigata) Junmaï Ginjo
Température de service : 8 °C

Accentuant l'iode de l'huître et se rapprocher de la sensation d'umami, ce saké japonais sait surprendre par sa noblesse, sa pureté et son équilibre.

Pour 6 personnes

- 24 huîtres Marennes-Oléron n° 2
- 6 feuilles de gélatine
- 500 g de chou kale
- Huile d'olive
- Fleur de sel
- 2 pommes granny smith
- 1 botte de ciboulette
- Jus de citron
- 1 échalote
- 10 cl de vinaigre de Xérès
- 10 cl de champagne
- Sel et poivre noir du moulin

Ouverture des huîtres
Ouvrir délicatement les huîtres, récupérer la première eau et les y nettoyer. Filtrer cette eau.
Conserver les huîtres dans une boîte hermétique et leur eau dans une autre.

La gelée d'eau d'huître
Plonger les feuilles de gélatine dans de l'eau glacée pour les ramollir.
Faire chauffer un quart de l'eau des huîtres. Hors du feu, ajouter la gélatine et bien mélanger. Incorporer le reste de l'eau.
Couler la gelée obtenue au fond des assiettes sur 1 cm d'épaisseur environ. Laisser prendre au réfrigérateur.

Les chips de chou kale
Équeuter la moitié du chou kale et le couper en petits morceaux. Dans un bol, assaisonner les feuilles d'un filet d'huile d'olive et de sel. Les placer bien à plat entre deux feuilles de papier sulfurisé, puis entre deux plaques.
Enfourner pour 5 min à 140 °C.

Le chou kale cuit
Équeuter le reste de chou kale. Le plonger dans une eau bouillante préalablement salée et laisser reposer 1 min.
Débarrasser dans une eau glacée pour bien le refroidir et fixer la couleur. Bien égoutter et assaisonner d'huile d'olive et de fleur de sel.

Le tartare de pommes
Tailler les pommes en petits cubes réguliers.
Parsemer de la ciboulette ciselée finement. Assaisonner d'un peu de jus de citron, d'huile d'olive et de poivre noir.

Condiment échalote, champagne, vinaigre de Xérès et poivre noir
Ciseler finement l'échalote. Mélanger avec le vinaigre, le champagne et du poivre noir. Laisser infuser 1 h au réfrigérateur.

Dressage
Déposer le tartare de pommes en cercle au centre de la gelée d'eau d'huître. Surmonter des huîtres ouvertes. Dresser délicatement les chips de chou kale et le chou kale cuit autour des huîtres. Assaisonner du condiment au moment de servir.

FÉRA MEUNIÈRE, ÉCREVISSES ET FLEURS DE COURGETTES

MICHEL ROTH

BAYVIEW
Hôtel Président-Wilson
47, quai Wilson – 1211 Genève
+41 22 906 65 52
www.restaurantbayview.com

Prix Taittinger 1985, Meilleur Ouvrier de France 1991, Bocuse d'Or la même année, deux étoiles à l'Espadon en 2009 et une étoile au Bayview depuis 2014 : l'armoire à trophées de Michel Roth est pleine. Cet ancien chef du Ritz n'a jamais renié ses valeurs. La fidélité, d'abord, qui s'exprime à travers la pérennité de son équipe. La transmission, ensuite, qu'il exerce tant auprès des candidats d'émissions culinaires (« Masterchef », « Top Chef ») que du plus humble de ses apprentis. Et la passion du métier qu'il illustre encore et toujours au Bayview. Les yeux tournés vers le Léman, on laisse la magie opérer en savourant la célèbre tarte aux cèpes, échalotes et noisettes, ou en cédant aux avances de la frétillante star locale, l'omble chevalier au jus de coquillage dans son parfum de coriandre.

Accord proposé par Maxime Valéry

Krug Vintage 2002
Température de service : 10-12 °C

J'aime accompagner les plats de poisson avec de grands champagnes. Le Krug offre une aromatique proche de la préparation « meunière », où l'on perçoit des notes de cazette et de beurre frais. La structure en bouche du champagne est imposante et amène une harmonie sincère entre l'iode de l'écrevisse, le végétal de la courgette et la sauce meunière accompagnant la féra.

Pour 4 personnes

Pour la féra meunière
- 4 pavés de filets de féra
- 40 g de beurre
- 12 queues d'écrevisses
- 1 branche de thym
- 1 gousse d'ail

Pour la purée de fenouil caramélisé
- 250 g de fenouil
- 50 g de beurre
- ¼ de l de bouillon de poule
- Sel et poivre

Pour les fleurs de courgette
- 150 g de fenouil
- Huile d'olive
- 10 cl de fumet de poisson
- 75 g de ricotta
- ¼ de botte d'aneth
- 4 fleurs de courgettes
- Sel et poivre

Pour la poudre d'agrumes
- 1 orange
- 1 citron
- 50 g de sucre en poudre

Pour le caramel de fenouil
- 5 g de sucre en poudre
- 180 g de fenouil
- 15 g d'oignon
- 3 cl de pastis
- 35 cl de jus d'orange
- 5 cl de vin blanc
- 5 cl de bouillon de poule
- 2 étoiles de badiane
- 3 cl d'huile d'olive
- Sel et poivre

Pour le dressage
- 50 g d'amandes fraîches émondées
- ¼ de barquette d'ombellules de fenouil
- 15 cl d'absinthe

La féra

Dans une poêle antiadhésive, faire revenir les pavés de féra dans le beurre. Laisser colorer 5 min côté peau.
Retourner les poissons, puis ajouter les queues d'écrevisses décortiquées, le thym et l'ail. Laisser cuire 4 min à feu doux.

La purée de fenouil caramélisé

Dans une casserole, faire revenir le fenouil émincé dans le beurre jusqu'à coloration blonde.
Déglacer au bouillon de poule et laisser cuire à feu doux, jusqu'à évaporation complète du liquide.
Mixer pour obtenir une purée lisse. Saler et poivrer.

Les fleurs de courgettes

Faire suer le fenouil en brunoise dans 1 c. à soupe d'huile d'olive.
Ajouter le fumet de poisson, faire cuire 10 min et laisser refroidir.
Mélanger le fenouil avec la ricotta et l'aneth haché.
Saler et poivrer, puis farcir les fleurs de courgette avec la préparation.
Les faire rissoler à l'huile d'olive, 2 min de chaque côté.

La poudre d'agrumes

Porter à ébullition de l'eau avec les écorces des agrumes.
Égoutter et répéter l'opération deux fois.
Égoutter, puis ajouter de l'eau et le sucre. Laisser cuire 1 h à feu doux.

Égoutter sur une feuille de papier sulfurisé, puis faire sécher 4 h au four à 80 °C.
Laisser refroidir et mixer pour obtenir une poudre.

Le caramel de fenouil
Dans une casserole, faire fondre le sucre et le faire cuire jusqu'à coloration blonde.
Ajouter le fenouil et l'oignon émincés. Flamber avec le pastis, puis ajouter le jus d'orange, le vin blanc et le bouillon de poule.
Ajouter la badiane et laisser cuire 1 h environ à feu doux et à couvert.

Passer le jus au chinois étamine, faire réduire de moitié et monter à l'huile d'olive. Saler et poivrer.

Dressage
Dans chaque assiette, dessiner un disque de poudre d'agrumes. Verser le caramel au centre, puis déposer 1 pavé de féra et 1 fleur de courgette. Déposer sur le poisson 3 queues d'écrevisses, des amandes et des ombellules de fenouil.
Faire chauffer l'absinthe et la verser dans une petite casserole de présentation, à part. Flamber et verser sur la féra au moment de servir.

CRABE KIWI-AVOCAT, ÉMULSION VERVEINE

CHRISTOPHE ROURE

Pour 6 personnes

- 1 crabe femelle (1 kg)

Pour l'émulsion verveine
- 4,5 g de verveine sèche
- 140 g de jus de citron
- 30 g de sucre en poudre
- 2 g d'émulsifiant Sucro

Pour la sauce cocktail
- 125 g de fromage Philadelphia
- 0,4 g de gomme xanthane
- 3 g de cognac
- 25 g de ketchup
- 3 g de sauce Worcestershire
- 1 goutte de tabasco
- 2 g de jus de citron vert
- 5 g de moutarde
- 30 g de crème fouettée
- Sel

Pour les brunoises
- 1 avocat
- 1 kiwi
- 1 concombre

Pour le dressage
- 1 poutargue
- 18 fleurs blanches, type jasmin
- 24 petites feuilles de verveine
- Huile d'olive de très bonne qualité
- Fleur de sel
- Poivre de Timut du moulin

LE NEUVIÈME ART
173, rue Cuvier – 69006 Lyon
+33 (0) 4 72 74 12 74
www.leneuviemeart.com

Faire de chaque assiette une œuvre d'art est un véritable credo pour Christophe Roure. Sensibilisé dès son plus jeune âge à la qualité des produits, notamment ceux du terroir, ce Meilleur Ouvrier de France 2007 cultive le goût et soigne le visuel avec un sens aiguisé du détail. Les créations sont finement construites et techniquement maîtrisées. L'art du dressage est sublimé par des matériaux naturels, conçus sur mesure par des artisans céramistes. Chaque pièce de vaisselle est unique et raconte une histoire, tout comme la cuisine est inspirée par la nature et l'architecture. Attentif à son environnement, le chef doublement étoilé met en relief des plats harmonieux et épurés, tels l'omble chevalier des Cévennes dans la cire d'abeille ou le bœuf Wagyu Blackmore cuit au feu de bois.

Accord proposé par Denis Verneau

Domaine Schlumberger
Alsace Riesling Grand Cru Kessler 2017
Température de service : 10 °C

Une recette précise, pure et tout en équilibre. Si le tempérament iodé est affirmé, la délicatesse de la chair du crabe contribue au caractère aérien du plat. Une déclinaison de texture et une variation de saveurs orchestrées par la douceur de l'avocat et la fraîcheur de la verveine. À ses côtés, un vin cristallin et racé. Une expérience à la fois vibratoire et jubilatoire.

Cuire le crabe 20 min dans un bouillon (2 min par 100 g). Le décortiquer soigneusement et le réserver au froid.

L'émulsion verveine
Infuser la verveine sèche dans 160 g d'eau 4 min à 90 °C, puis filtrer.
Mélanger avec le jus de citron, le sucre et le Sucro.

La sauce cocktail
Mélanger délicatement tous les ingrédients, sauf la crème fouettée, au fouet. Terminer en incorporant la crème fouettée à l'aide d'une maryse. Réserver la préparation dans une petite poche munie d'une douille lisse.

Les brunoises
Tailler l'avocat, le kiwi et le concombre en cubes de 4 mm environ.

Dressage
Pocher la sauce cocktail dans des assiettes creuses.
Déposer 15 g de chair et 15 g de morceaux de crabe.
Recouvrir avec 15 g de brunoise d'avocat, 13 g de kiwi et 10 g de concombre. Râper de la poutargue par-dessus.
Ajouter un tour de moulin de poivre de Timut, 3 fleurs blanches et quelques feuilles de verveine.
Assaisonner d'huile d'olive et de quelques cristaux de fleur de sel.
Surmonter de 1 c. à soupe généreuse d'émulsion à la verveine.

FILETS DE SANDRE AUX ÉCREVISSES

LUCA SANGIULIANO

PRÉFECTURE DE RÉGION AUVERGNE – RHÔNE-ALPES
18, rue de Bonnel – 69003 Lyon

Dans les salons de la préfecture de région, fleuron de l'architecture lyonnaise de la fin du XIXe siècle, Luca Sangiuliano sublime une cuisine bourgeoise par un élégant service à la française. Après une formation à l'école hôtelière de Turin et de riches expériences, le chef, passé par le très aérien Atelier des 2 Rives, restaurant de l'aéroport de Lyon Saint-Exupéry, rivalise de créativité à travers des assiettes finement dressées valorisant le terroir et la saisonnalité. Le lièvre à la royale, le civet de biche grand veneur et le dos de cabillaud à la dieppoise bénéficient des produits d'exception provenant des Halles de Lyon – Paul Bocuse, situées à proximité. Un service poussé à l'excellence qui fait rayonner la gastronomie auprès des invités de la République française.

Accord proposé par Denis Verneau

Domaine Huet
Vouvray Le Haut Lieu 2021
Température de service : 11 °C

L'accord s'établit comme une construction, chaque élément apportant une touche singulière afin de donner naissance à une œuvre complète. La chair blanche de ce poisson d'eau douce, fine et goûteuse, sera rehaussée par les notes florales d'acacia du vin, tandis que les saveurs acidulées du chenin serviront d'écrin aux écrevisses.

Pour 4 personnes

- 2 blancs d'œufs
- 20 queues d'écrevisses cuites
- ½ botte de cerfeuil
- 2 cl de liqueur d'anis
- 1 tranche de pain de mie
- 4 cl de lait
- 60 g de beurre pommade
- 2 filets de sandre
- 40 g de beurre
- Sel et poivre

Dans le bol d'un blender, placer les blancs d'œufs, les queues d'écrevisses, le cerfeuil, la liqueur, le pain, le lait et le beurre pommade. Saler, poivrer et mixer pour obtenir une farce lisse.

Déposer les filets de sandre sur un rectangle de film alimentaire de 40 × 30 cm. Le côté peau doit être au contact du film.

Badigeonner les poissons de la farce sur une belle épaisseur. Rabattre les côtés du film délicatement sur la farce.
Faire cuire 8 min au four vapeur à 80 °C.

Dans une poêle, faire fondre le beurre. Y déposer les poissons côté peau et faire cuire 3 min.

Dresser sur un plat de service.

L'astuce du chef

Accompagnez ce plat d'une sauce au vin rouge ou d'une sauce Choron.

HOMARD, TÊTE DE VEAU ET MORILLES

CHRISTIAN TÊTEDOIE

TÊTEDOIE
4, rue Pierre-Marion – 69005 Lyon
+33 (0) 4 78 29 40 10
www.tetedoie.com

Sur la colline de Fourvière, à quelques encablures de la basilique Notre-Dame, l'une des plus brillantes étoiles de la cuisine lyonnaise offre depuis 2010 un superbe panorama sur la ville. Meilleur Apprenti de France, formé chez Paul Bocuse et Georges Blanc, Christian Têtedoie obtient le titre de Meilleur Ouvrier de France en 1996, puis une étoile au *Guide Michelin* en 2000 et une étoile verte en 2021. Les visiteurs épicuriens se délectent de jambonnette de grenouilles ou de pigeon farci de pommes de terre à la truffe. Quant aux initiés, ils n'ont que trois initiales en tête : HTV. Trois lettres d'or, devenues la signature de la maison, pour désigner un duo improbable associant le homard à la tête de veau. Christian Têtedoie est un chef particulièrement solidaire qui s'engage envers les autres et préside les Maîtres Cuisiniers de France.

Pour 4 personnes

Pour les homards
- 2 homards
- 1 gousse d'ail
- 20 g de beurre clarifié
- 1 branche de thym

Pour la sauce de homard
- 25 g d'huile de tournesol
- Carcasse de homard
- 25 g de beurre
- Garniture aromatique
- 1 c. à soupe de concentré de tomates
- 25 cl de vin blanc
- 10 cl de jus de carotte
- Bouquet garni (poireau, thym, laurier, persil)
- Sel et poivre

Pour la farce à la tête de veau
- ½ tête de veau
- ½ oignon
- 1 carotte
- 1 céleri-branche
- Gros sel
- Sel et poivre

Pour la garniture et les morilles
- Morilles de 4 cm de hauteur
- 3 échalotes
- 2 pommes de terre
- 25 g de beurre clarifié
- 4 mini-carottes
- Vin blanc
- 4 fleurs de bourrache
- Bouillon de volaille
- 4 herbes Cress
- 4 pluches de carotte dans la fane

Cuisson des homards
Dans une cocotte en fonte, rôtir les homards avec le beurre clarifié, la gousse d'ail et le thym. Assaisonner, cuire pendant 8 min avec couvercle. Laisser refroidir et décortiquer la queue et les pinces.

La sauce de homard
Concasser les carcasses des homards, puis les faire raidir à l'huile et au beurre.
Ajouter la garniture aromatique et le concentré de tomates. Laisser suer quelques minutes. Déglacer au vin blanc, mouiller à hauteur avec de l'eau et laisser cuire 30 min pour obtenir un jus de homard. Filtrer.
Faire réduire le jus de carotte et le jus de homard aux trois quarts. Monter au beurre, saler et poivrer.

La farce à la tête de veau
Braiser la tête de veau avec l'oignon, la carotte et le céleri-branche. Saler, poivrer et laisser confire 1 h 30 à 2 h. Décanter, éplucher la langue et hacher le tout finement au couteau, pour faire une farce.

La garniture
Laver les morilles et parer les pieds. Dans une poêle, les faire sauter avec 2 échalotes ciselées, pour leur faire perdre leur première eau. Les déposer dans un plat et les garnir de farce de tête de veau.
Laver et éplucher les pommes de terre, puis les tailler à l'aide d'un emporte-pièce de 3 cm de diamètre et de ´,5 cm de hauteur. Les creuser à la cuillère à pomme parisienne, puis les faire colorer au beurre clarifié et faire cuire doucement.
Les laquer avec la sauce de homard.

Après cuisson, garnir les pommes de terre avec un peu de farce et les déposer sur les morilles.
Peler les carottes et les glacer (eau, beurre et sel).
Hacher les pieds de morilles très finement. Les faire suer avec 1 échalote ciselée. Déglacer au vin blanc, assaisonner et placer dans une poche à douille. Déposer sur les carottes et décorer de quelques fleurs.

Dressage

Faire chauffer doucement les demi-queues et les pinces de homard au beurre clarifié.
Les déposer au centre des assiettes avec les pommes de terre et les morilles farcies, les carottes et la sauce de homard émulsionnée.

Accord proposé par Denis Verneau

Domaine les Aurelles
Coteaux du Languedoc blanc Aurel 2016
Température de service : 12 °C

Une association terre et mer de haut vol, un classique qu'il faut avoir goûté au moins une fois dans sa vie. Pour ne pas passer à côté de sa première fois, il est bon de choisir le meilleur partenaire possible. Je vous recommande un prétendant. Il pourrait être bourguignon au vu de sa prestance. À y regarder de plus près, ou plutôt à l'écoute de son accent, on l'imagine plutôt natif de l'enclave des papes. Que nenni, c'est un occitan pur souche. Un serviteur dévoué corps et âme à votre cause.

SANDRE AU VIN ROUGE, MILLE-FEUILLE DE POMMES DE TERRE ET DE CÉLERI

JEAN-FRANÇOIS TÊTEDOIE

CAFÉ TERROIR
14, rue d'Amboise – 69002 Lyon
+33 (0) 9 53 36 08 11
www.cafeterroir.fr

Jean-François Têtedoie et Lemmy Brou ont fait leurs armes au sein de l'Institut Paul Bocuse, avant de vivre leurs expériences en France et à l'étranger et de revenir à Lyon ouvrir Café Terroir en 2015. C'est une table gastronomique de tradition française conviviale, unique et dans l'air du temps. Lemmy Brou se charge du développement, tandis que Jean-François Têtedoie est en cuisine, à la sélection des vins et à la découpe en salle. Fils du chef étoilé Christian Têtedoie et issu d'une famille de la restauration lyonnaise, Jean-François Têtedoie a fait ses preuves en créant un univers qui lui est propre. Il fait partie des jeunes chefs lyonnais très actifs qui apportent un vent de fraîcheur tout en respectant les traditions de la gastronomie française. Sa cuisine est généreuse et sa sélection de vins est très impressionnante.

Accord proposé par Maxime Valéry

Clos des Lambrays
Morey-Saint-Denis 2018
Température de service : 14/16 °C

La sauce au vin rouge associe l'iode du poisson à la framboise noire et à la pointe végétale noble du vin. J'ai choisi un vin délicat qui ne manque pas de structure pour autant, dans lequel on retrouve l'aromatique du plat.

Pour 6 personnes

Pour le mille-feuille de pommes de terre et de céleri
- 1 céleri-rave
- 6 pommes de terre bintje
- 250 g de beurre doux fondu
- Sel et poivre

Pour la purée d'oignons
- 3 oignons paille
- 20 g de beurre
- Huile d'olive
- 10 cl de vinaigre de vin rouge
- 20 cl de crème liquide
- Sel et poivre

Pour les filets de sandre
- 6 beaux sandres
- Huile d'olive

Pour l'embeurrée de chou rouge
- ½ chou rouge
- 30 g de beurre doux
- Sel et poivre

Pour 1 l de sauce au vin rouge
- 1 échalote
- 1 oignon
- 2 carottes
- 2 l de beaujolais rouge
- ¼ de litre de porto
- 2 tiges de thym
- 1 feuille de laurier
- 1 poignée de ba es de genièvre
- 2 clous de girofle
- 2 c. à soupe de sucre en poudre
- Beurre
- Farine

Le mille-feuille
Éplucher le céleri-rave et les pommes de terre (ne pas les rincer). Les émincer séparément à l'aide d'une mandoline (garder une chute de céleri pour la sauce au vin rouge).
Beurrer les pétales de céleri et de pommes de terre au pinceau de façon bien régulière. Les déposer dans un plat rectangulaire, en six couches. Assaisonner légèrement.
Tasser le mille-feuille en plaçant par-dessus un autre plat, lesté (avec de l'eau, par exemple).
Enfourner pour 1 h à 170 °C. Laisser refroidir au réfrigérateur, puis couper en rectangles de 6 × 2,5 cm.

La purée d'oignons
Préparer un confit d'oignon. Le déglacer au vinaigre et mixer au blender en ajoutant la crème, jusqu'à obtenir une purée lisse. Assaisonner.

Les filets de sandre
Lever les filets des sandres, les tailler en rectangles et les faire revenir dans de l'huile d'olive.
Laisser reposer 5 min et enfourner pour 4 min à 180 °C.

L'embeurrée de chou rouge
Émincer le chou assez finement et le faire revenir dans le beurre jusqu'à obtention d'une texture fondante.
Saler et poivrer.

La sauce au vin rouge
Éplucher l'échalote et l'oignon, puis les émincer finement. Les faire revenir dans un bahut. Ajouter la carotte et la chute de céleri réservée, taillées en mirepoix.
Ajouter le beaujolais, le porto, le thym et le laurier.
Laisser réduire de moitié, puis ajouter les baies de genièvre, les clous de girofle et le sucre.
Laisser réduire de nouveau quelques minutes, puis lier la sauce au beurre manié (mélange à parts égales de beurre et de farine). La sauce doit être légèrement épaisse, onctueuse, aux arômes subtils végétaux.

Dressage
Au centre de chaque assiette, déposer l'embeurrée de chou rouge et surmonter d'un filet de poisson pour créer du volume. En haut de l'assiette, placer le mille-feuille de pommes de terre et de céleri. En bas, à droite, déposer délicatement une quenelle de purée d'oignons. Terminer par une c. à soupe généreuse de sauce au vin rouge qui sera le liant du plat.

QUENELLES DE LANGOUSTINES

DAVY TISSOT

INSTITUT LYFE
Château du Vivier
1a, chemin de Calabert – 69130 Écully
+33 (0) 4 28 31 70 44
www.saisons-restaurant.fr

Cocorico ! Premier restaurant pédagogique à décrocher une étoile au *Guide Michelin*, Saisons est entré en 2020 dans l'histoire de la gastronomie française. Un an plus tard, son chef, Davy Tissot, Meilleur Ouvrier de France 2004, s'emparait du titre implicite de meilleur cuisinier du monde en remportant le Bocuse d'Or 2021. Une pluie de distinctions méritée pour les équipes de l'Institut Lyfe, qui œuvrent à la formation des grands chefs de demain. Depuis, Davy Tissot a passé le relais au chef Florian Pansin. Issu de la grande maison roannaise Troisgros, ce dernier peut compter sur la motivation de la brigade, dont Gaëtan Bouvier, Meilleur Sommelier de France 2016 et MOF 2022. L'art de vivre à la française dans toute sa splendeur !

Accord proposé par Denis Verneau

Domaine Dureuil-Janthial
Rully 1er Cru Le Meix Cadot 2016
Température de service : 12 °C

Peut-être un cas d'école en matière d'association. On coche une multitude de critères : affinité, fusion, pouvoir d'attraction et même opposition. Le fumé du crustacé est en concordance avec les saveurs empyreumatiques de pain grillé du vin. La tension de cette cuvée entre en dissonance avec la volupté de la quenelle. Le plat appelle le verre, tout comme le verre réclame l'assiette.

Pour 8 personnes

Pour l'appareil à quenelle
- 130 g de chair de bar
- 300 g de chair de langoustine
- 8 g de sel
- 30 g de blanc d'œuf
- 240 g de crème liquide
- 100 g de beurre pommade
- Piment d'Espelette
- Poivre

Pour le jus de langoustine
- 1 kg de têtes et pinces de langoustines
- Huile d'olive
- 50 g de beurre + 10 g pour la fin
- Ail
- Thym
- 3 oignons
- 3 carottes
- 3 fenouils
- 5 tomates
- 100 g de concentré de tomates
- 1 cl de cognac
- 100 g de crème de Bresse
- Tabasco
- Jus de citron vert
- Sel et poivre

Pour la poêlée de champignons sauvages
- 150 g de morilles
- 150 g de girolles
- Huile de tournesol
- 40 g d'échalote
- 40 g d'ail
- Beurre de Bresse
- Cerfeuil

Pour les queues de langoustines
- 8 queues de langoustines
- Huile d'olive
- Beurre
- 1 gousses d'ail
- Thym
- Sel et poivre

L'appareil à quenelle

Dans le bol d'un robot, mixer les chairs de bar et de langoustine avec le sel et le blanc d'œuf.
Ajouter progressivement la crème, puis le beurre pommade.
Assaisonner de poivre et de piment d'Espelette. Réserver 2 h environ au réfrigérateur, dans un bol pour Pacojet.
Lisser au Thermomix ou au Pacojet, puis mouler des quenelles de 85 g environ à l'aide d'une cuillère en argent, à la forme plus creuse qu'une cuillère classique et permettant de mieux décoller les quenelles.

Le jus de langoustine

Faire colorer les têtes et les pinces des langoustines dans de l'huile d'olive. Les écraser à l'aide d'un rouleau à pâtisserie, puis ajouter le beurre, l'ail coupé en deux et le thym.
Faire colorer de nouveau. Ajouter les oignons, les carottes et les fenouils coupés en mirepoix, et les tomates concassées, puis les faire suer.
Verser le concentré de tomates, faire cuire et flamber au cognac.
Mouiller à hauteur avec de l'eau et laisser cuire 45 min environ.
Passer le jus obtenu au chinois étamine. Le monter avec le beurre et la crème. Assaisonner de sel, de poivre, de Tabasco et de jus de citron vert.

La poêlée de champignons sauvages

Faire sauter les champignons dans de l'huile de tournesol.
Ajouter l'échalote ciselée, l'ail écrasé et du beurre de Bresse.
Hors du feu, ajouter du cerfeuil et maintenir au chaud.

Les queues de langoustines
Faire colorer les queues de langoustines sur le dos avec de l'huile d'olive.
Finir de les cuire dans du beurre mousseux, avec de l'ail coupé en deux et du thym.
Les décortiquer en gardant la nageoire caudale.
Assaisonner.

Dressage
Dans des assiettes creuses, déposer les champignons, ajouter une quenelle et une queue de langoustine.
Napper du jus de langoustine émulsionné.

LAMELLES D'ENCORNETS, CONFITURE D'OIGNONS, SAUCE À L'ENCRE DE SEICHE

BENOÎT TOUSSAINT

CHEZ PAUL'O
551, chemin de la Traille – 69360 Solaize
+33 (0) 4 78 46 06 47
www.paulorestaurant.fr

Voilà un endroit hors du temps, niché dans un océan de verdure à quelques kilomètres du centre de Lyon. L'île de la Table Ronde abrite une guinguette moderne et élégante dont les différents univers se prêtent autant aux repas d'affaires qu'aux regroupements familiaux. Benoît Toussaint y régale les palais grâce aux atouts d'une carte aussi bucolique que les lieux et, surtout, résolument saisonnière. Sur l'ardoise, qui change tous les quinze jours, on trouve du gibier et des champignons à l'automne, de l'agneau au printemps et des poissons… toute l'année ! Le chef, en effet, adore apprêter les produits de la pêche, qu'il décline aux côtés de quelques grands classiques indémodables, tels les cuisses de grenouilles fraîches et le filet de bœuf aux morilles.

Accord proposé par Maxime Valéry

Keller Westhofen Kirchspiel GG
Riesling Trocken 2018
Température de service : 10-12 °C

Pour jouer le contraste entre la texture de l'encornet et la pointe de sucrosité de la confiture d'oignons, partons à la rencontre d'un très grand riesling allemand du Rheinhessen, qui rime avec tension, fraîcheur et minéralité.

Pour 8 personnes

Pour la confiture d'oignons
- 20 oignons
- 500 g de beurre
- 10 cl de sirop de grenadine

Pour la sauce à l'encre de seiche
- 2 échalotes
- 20 cl de vin blanc
- ½ l de fond de volaille
- 1 l de crème
- 1 botte de persil plat
- 1 gousse d'ail
- 20 g d'encre de seiche
- 500 g de beurre

Pour les encornets
- 8 encornets
- Beurre
- 20 g d'ail
- 50 g d'aneth
- 50 g de cerfeuil
- 50 g de ciboulette
- Sel et poivre

La confiture d'oignons

Éplucher les oignons et les émincer finement. Dans un faitout, faire fondre le beurre. Quand il est noisette, y faire colorer les oignons. Mouiller à hauteur avec de l'eau. Laisser mijoter à petit feu jusqu'à évaporation complète du liquide.
Incorporer le sirop de grenadine.

La sauce à l'encre de seiche

Dans une casserole, mettre les échalotes ciselées et le vin blanc. Laisser réduire de moitié, puis ajouter le fond de volaille. Faire réduire de nouveau d'une bonne moitié. Incorporer
la crème et faire réduire une nouvelle fois.
Blanchir le persil et le refroidir, puis le mixer avec l'ail et quelques centilitres d'eau.
Dans une casserole, placer 5 louchées de crème de volaille, 2 portions de purée de persil et l'encre de seiche.
Assaisonner et monter au beurre.

Les encornets

Nettoyer les encornets, puis les émincer.
Dans une poêle, faire chauffer le beurre. Quand il est à température, faire cuire les encornets avec l'ail et les herbes émincés. Assaisonner et débarrasser.

Dressage

Cercler la confiture d'oignons au centre de l'assiette.
Déposer les encornets dessus et verser la sauce à l'encre de seiche autour.

FÉRA, TARTARE FUMÉ, CRÈME DE PAYS ET CAVIAR OSCIÈTRE

PATRICE VANDER

LES FRESQUES
Hôtel Royal (Évian Resort)
960, avenue du Léman
74500 Neuvecelle
+33 (0) 4 50 26 85 00
www.hotel-royal-evian.com

En bordure du lac Léman, dans le sublime cadre du restaurant étoilé Les Fresques, de l'Hôtel Royal***** Palace à Évian, Patrice Vander propose une cuisine contemporaine, inventive et raffinée, inspirée par des produits d'exception. Très attentif à la saisonnalité, le chef fait appel aux artisans locaux et s'approvisionne dans son potager de 3 000 m^2, situé dans le parc de l'hôtel. Il élabore ses plats et ses cartes en harmonie avec le rythme de la nature. Sa passion se transmet via des cours organisés au cœur des cuisines, où les convives sont invités à goûter les produits bruts qu'ils vont valoriser et transformer en de merveilleux plats signatures, comme les écrevisses du lac Léman sur une royale de foie gras, écume parfumée à la verveine...

Accord proposé par Maxime Valéry

Niepoort
IG Açores 2021
Température de service : 8-10 °C

Un vin blanc frais, floral, digeste, aux accents iodés des Açores, ayant vu le jour grâce au talent de Daniel Niepoort.

Pour 5 personnes

- 250 g de féra fraîche
- 250 g de féra fumée
- 25 g d'huile d'olive Bellota-Bellota
- 10 g de vinaigre de chardonnay
- Piment d'Espelette
- 5 g de ciboulette
- 100 g de crème de pays
- 5 carmines
- 5 radis blue meat
- 30 g de caviar osciètre
- Herbes et fleurs du potager
- Sel

Détailler la féra fraîche et la féra fumée en brunoise. Les faire mariner 5 min dans un mélange d'huile d'olive, de vinaigre de chardonnay, de piment d'Espelette, de ciboulette et de sel.

Monter la crème de pays, puis la placer dans une poche à douille.
Détailler les carmines en pétales et réserver.
Tailler les radis à l'aide d'une mandoline, puis les emporte-piécer avec un cercle de 5 cm.

Dresser le tartare de féra dans une assiette creuse à l'aide d'un emporte-pièce de 10 cm de diamètre. Recouvrir de la crème montée, puis ajouter les radis, le caviar et les herbes et fleurs du potager.
Décorer avec les pétales de carmine.

LANGOUSTINES POÊLÉES, RAVIOLES AU FENOUIL, ÉMULSION À LA BADIANE

NICOLAS VERNAY

LA TABLE DE GUY
58, avenue Salvador-Allende – 69500 Bron
+33 (0) 4 78 26 55 72
www.latabledeguy.com

Après avoir fait son apprentissage aux côtés de Jean Brouilly et être passé par les cuisines de Philippe Gauvreau, de Davy Tissot et de Michel Rochedy, Nicolas Vernay forme avec Thierry Jandard, directeur de salle de La Table de Guy, le binôme parfait pour proposer aux gourmets de passage un accueil convivial et une cuisine raffinée. Ce restaurant au décor chaleureux, avec une terrasse ombragée l'été, inscrit à sa carte à la fois des classiques, comme le parfait de foie de volaille, le filet de maquereau en escabèche ou la carbonade à la bière brune, que des plats plus raffinés, dont le foie gras mi-cuit, le risotto aux truffes noires, le ris de veau poêlé aux champignons ou le duo de bar de ligne et gambas.

Accord proposé par Fabrice Sommier

Domaine Jo Landron
AOP Muscadet de Sèvre et Maine 2020
Température de service : 10 °C

Une robe jaune pâle, brillante et limpide ; un nez élégant de fruits secs, comme l'amande, et de fruits blancs, comme la poire et la pomme. En bouche, l'acidité est rafraîchissante. Une belle réussite.

Pour 4 personnes

Pour les ravioles
- 200 g de farine
- 2 jaunes d'œufs
- 2 cl d'huile d'olive
- Sel
- 2 cl d'eau

Pour la farce
- 1 bulbe de fenouil
- 1 carotte
- 1 oignon
- Huile d'olive
- Thym
- Sel

Pour l'émulsion à la badiane
- 12 langoustines
- 1 oignon
- 1 échalote
- ½ carotte
- 3 tomates
- Huile d'olive
- Bouquet garni
- 50 cl de vin blanc
- 2 étoiles de badiane
- 250 g de beurre
- Sel et poivre

Les ravioles
Dans le bol d'un robot muni du crochet, placer la farine et une pincée de sel. Creuser un puits, puis y verser les jaunes d'œufs, 2 cl d'eau et l'huile d'olive. Pétrir à petite vitesse. Former une boule, filmer et laisser reposer au moins 1 h.

La farce
Éplucher les légumes et les tailler séparément en brunoise. Dans une casserole, les faire suer avec de l'huile d'olive et du thym, en commençant par l'oignon, puis la carotte et le fenouil. Assaisonner et faire cuire 20 min à feu doux et à couvert.

Montage des ravioles
Étaler finement la pâte au laminoir, puis la détailler en carrés de 10 cm. Déposer 1 c. à soupe de farce au centre. À l'aide d'un pinceau, humidifier les contours, recouvrir d'un carré de pâte et souder en pinçant les bords. Répéter l'opération pour obtenir 4 ravioles.

L'émulsion à la badiane
Décortiquer les langoustines en réservant les queues. Tailler les légumes en mirepoix. Faire revenir les têtes dans l'huile d'olive. Ajouter les légumes et le bouquet garni. Déglacer au vin blanc, mouiller à hauteur avec de l'eau et faire cuire 45 min à feu doux. Passer la préparation au chinois étamine. Y faire infuser la badiane 15 min à couvert, la retirer, puis monter au beurre. Assaisonner.

Dressage
Faire cuire les ravioles 3 min à l'eau frémissante, puis égoutter. Assaisonner et poêler les queues de langoustines réservées à l'huile d'olive. Dans des assiettes creuses, déposer 1 raviole et les langoustines, puis verser l'émulsion. Décorer d'aneth et agrémenter de 1 gressin.

PLATS VÉGÉTARIENS

CARPACCIO DE BETTERAVES ROUGES, NOUGAT DE RICOTTA DE BUFFLONNE

FRÉDÉRIC D'AMBROSIO

BALTHAZ'ART
7, rue des Pierres-Plantées – 69001 Lyon
+33 (0) 4 72 07 08 88
www.restaurantbalthazart.com

Pur Lyonnais passé par l'Auberge du Père Bise et l'Argenson, Frédéric d'Ambrosio propose une cuisine bistronomique ponctuée d'épices et d'herbes aromatiques dans un établissement rénové où le baroque a laissé place à un style bistrot chic en camaïeu de bleus, noir et or. Le chef propose une cuisine inventive et généreuse, à l'image du pressé de crabe Pink Lady, radis coloré, échalotes, gel de kalamansi et son crémeux d'avocat au wasabi, pousses de petits pois et chips de riz soufflé. La carte en mouvement permanent suggère quelques incontournables, tels le fameux tartare de bœuf montbéliarde au couteau façon mauresque et l'immanquable moelleux au chocolat Extra Bitter Valrhona et beurre salé.

Accord proposé par Laurent Derhé

Domaine des Nugues
AOC Fleurie 2020
Température de service : 16 °C

La fraîcheur du cépage gamay en parfait équilibre avec la tonicité du plat.

Pour 4 personnes

- 150 g de ricotta de bufflonne
- 300 g de betteraves cuites
- 50 g d'échalotes
- 30 g de gingembre râpé
- 10 g de vinaigre de cassis
- Huile d'olive de bonne qualité
- 10 g de pignons de pin
- 10 g de noisettes
- 10 g d'amandes
- 20 g de pistaches
- 10 g d'abricots secs
- 10 g de raisins secs
- 1 c. à soupe d'aneth
- 1 c. à soupe de cerfeuil
- 1 c. à soupe d'estragon
- 1 c. à soupe de persil plat
- Fleur de sel
- Sel et poivre du moulin

Mettre à égoutter la ricotta.

Pendant ce temps, tailler les betteraves en tranches fines à l'aide d'une mandoline, puis les étaler sur les assiettes comme pour un carpaccio. Filmer et réserver au frais.

Préparer la vierge d'échalotes. Mélanger les échalotes ciselées finement, le gingembre râpé, le vinaigre de cassis et 20 cl d'huile d'olive pour que les goûts s'infusent bien dans l'huile.

Torréfier les pignons de pin, les noisettes, les amandes et les pistaches. Concasser les noisettes et les amandes. Couper les abricots secs en fine brunoise. Mélanger la ricotta avec les fruits secs (sauf les pistaches) et les herbes hachées. Incorporer de l'huile d'olive en filet pour obtenir la bonne consistance. Saler et poivrer.

Sortir les assiettes de carpaccio de betteraves du réfrigérateur. Verser 1 ou 2 c. à soupe de vierge d'échalotes, puis assaisonner de fleur de sel et de poivre du moulin.

Former des quenelles de nougat à l'aide de 2 c. à soupe trempées dans l'eau chaude, puis saupoudrer de pistaches (ou de noisettes) torréfiées. Servir aussitôt.
Bonne dégustation !

PARMIGIANA RIVISTA
AUMÔNIÈRE AU PARMESAN
TOTO LI VIGNI

TOTO LI VIGNI
50, cours du Docteur-Long – 69003 Lyon
+33 (0) 4 78 42 19 24
www.totolivigni.com

Après avoir appris le métier aux côtés du grand restaurateur turinois Vittorio Urbani, c'est dans le quartier dynamique de Montchat que Toto Li Vigni a choisi de partager sa passion pour l'Italie et ses bons produits. Décor rouge et noir qui contraste avec l'esprit champêtre de la terrasse, mosaïque de photos d'un homme aux multiples casquettes... Dans l'assiette, les recettes transalpines sont à la fête, avec des sauces préparées uniquement sur le moment. En 2013, le savoir-faire de ce passionné est récompensé du prix Talent italien dans le monde à Crémone en Italie, avec son plat signature, la Parmigiana Revisitata, une aumônière d'aubergine au cœur fondant. Deux ans plus tard, il décroche un Trophée de la gastronomie, dans la catégorie « cuisines du monde ».

Accord proposé par Fabrice Sommier

Château des Bachelards
AOP Fleurie 2019
Température de service : 16 °C

Une robe rouge rubis avec de beaux reflets. Le nez de fruits noirs et rouges est à dominante de fraises et de torréfaction. La bouche est puissante avec une finale mentholée et des tanins frais.

Pour 2 personnes

Pour les tuiles de parmesan
- Parmesan

Pour les aubergines
- 2 aubergines
- Farine
- 2 c. à soupe d'huile d'olive
- 50 g de mozzarella
- Parmesan
- Pecorino
- 2 c. à soupe de tomates pelées et mixées

Pour le pesto
- 6 gousses d'ail
- 100 g de basilic
- 30 g de parmesan
- 30 g de pecorino
- Huile d'olive

Les tuiles de parmesan

Placer un carré de papier sulfurisé dans une poêle antiadhésive et faire chauffer. Recouvrir de parmesan et retirer du feu lorsque le fromage est doré.
Déposer le papier sulfurisé couvert de parmesan sur un torchon, puis en envelopper un ramequin retourné et huilé. Laissez refroidir.

Les aubergines

Éplucher les aubergines avec un économe et les couper dans la longueur en tranches de 5 mm d'épaisseur. Réserver les épluchures de peau.
Fariner la chair et la peau des aubergines, puis faire frire dans une poêle avec de l'huile d'olive. Réserver les chips de peau. Beurrer un ramequin en porcelaine ou en verre et le tapisser avec cinq tranches d'aubergines en les croisant. Dans le fond, au milieu des aubergines, placer de la mozzarella, une pincée de parmesan, une pincée de pecorino, une cuillère à soupe de tomates mixées. Rabattre les tranches d'aubergines. Couvrir le ramequin avec du film étirable et cuire 2 min au micro-ondes (puissance maximum).

Le pesto

Piler longuement les gousses d'ail, puis le basilic.
Ajouter les fromages finement râpés, les pignons tout en continuant à piler. Ajouter progressivement l'huile d'olive lorsque la préparation à une texture « pommade ».

Finition et dressage

Renverser les ramequins sur les assiettes. Placer les aumônières de parmesan au-dessus des aubergines.
Disposer au centre quelques chips de peau aubergine frites et ajouter une pincée de sel. Entourer de pesto et de rosaces de vinaigre balsamique.

Les astuces du chef

Les aubergines peuvent être frites la veille.
Attention à ne pas ajouter trop d'huile au pesto : il doit garder une belle texture.

AUBERGINES TERIYAKI, CAVIAR D'AUBERGINES ET TOMATES CERISES CONFITES

SAMIR MAHBOUB DAVID POULY

Le Café de Lyon
29, place Monge – 73000 Chambéry
+33 (0) 4 79 33 10 88
www.lecafedelyon.com

Avec ses pierres apparentes et ses tons boisés, voilà une adresse qui donne envie de faire une halte à Chambéry. Et ce, sans frustration, puisque le Café de Lyon, situé en plein cœur de la cité ducale, est ouvert tous les soirs de la semaine. Aux manettes de ce beau repaire gourmand, un binôme parfaitement complémentaire, composé de Samir Mahboub en cuisine et de David Pouly en salle. Les deux compères proposent une généreuse cuisine de marché, joliment rythmée par les saisons et escortée d'une impressionnante carte des vins qui fait la part belle à la Savoie. Un pari généralement réussi, surtout lorsque ledit nectar accompagne l'une des stars de la carte : l'incontournable pâté-croûte maison.

Accord proposé par Maxime Valéry

Domaine Plageoles
Vin de voile 2005
Température de service : 12-14 °C

Le caractère sec oxydatif du vin de voile contraste avec la sucrosité du plat. Le vin ponctuera le plat de notes puissantes de rancio, d'amandes grillées et de noix.

Pour 4 personnes

Pour les aubergines teriyaki
- 5 c. à soupe de sauce soja
- 5 c. à soupe de mirin
- 5 c. à soupe de miel de fleurs
- 2 c. à soupe d'huile de sésame grillé
- 1 noix de gingembre
- 1 gousse d'ail
- 2 aubergines moyennes
- Huile d'olive

Pour le caviar d'aubergines
- 2 aubergines
- 1 botte de thym
- 1 gousse d'ail
- 1 c. à soupe de crème épaisse
- 1 pincée de piment de Cayenne
- Sel et poivre

Pour les tomates cerises confites
- 200 g de tomates cerises de différentes couleurs
- 2 c. à soupe d'huile d'olive
- 2 brins de thym
- 2 c. à café de sucre roux
- 2 c. à café de sel
- 1 gousse d'ail

Pour le dressage
- 1 botte de cébettes
- 1 grenade

Les aubergines teriyaki

Préchauffer le four à 180 °C. Mélanger la sauce soja avec le mirin, le miel et l'huile de sésame grillé. Incorporer le gingembre et l'ail finement râpés. Laver les aubergines et les couper en deux dans la longueur. Quadriller assez profondément leur chair avec un couteau pointu, sans percer la peau. Les poser sur une plaque, badigeonner d'huile d'olive et enfourner pour 15 à 20 min. Elles sont cuites quand les incisions s'ouvrent sous l'effet de la chaleur. Napper de sauce et prolonger la cuisson de 30 min environ.

Le caviar d'aubergines

Préchauffer le four à 200 °C. Préparer les aubergines de la même façon que précédemment. Ajouter le thym et piquer d'ail. Recouvrir de papier aluminium et enfourner pour 45 min environ. Prélever la chair, puis la mixer au blender avec la crème et le piment de Cayenne. Rectifier l'assaisonnement si besoin.

Les tomates cerises confites

Préchauffer le four à 120 °C. Laver les tomates et les essuyer. Les déposer sur une plaque recouverte de papier sulfurisé. Arroser d'huile d'olive, puis saupoudrer de thym, de sucre et de sel. Placer la gousse d'ail pelée, dégermée et coupée par-dessus. Enfourner pour 2 h 30.

Dressage
Déposer les aubergines dans les assiettes. Surmonter du caviar et des tomates cerises confites. Parsemer de cébette ciselée et de graines de grenade.
Servir accompagné de riz.

L'astuce du chef
Le surplus peut être conservé au frais dans un bocal rempli d'huile.

RISOTTO DE CHOU-RAVE AU BEAUFORT
EMMANUEL RENAUT

FLOCONS DE SEL
1775, route du Leutaz – 74120 Megève
+33 (0) 4 50 21 49 99
www.floconsdesel.com

Dans sa course aux étoiles, là-haut, près des sommets, Emmanuel Renaut a bénéficié du plus précieux des alliés : la nature. Celle qui offre à la montagne les fruits dont il s'empare pour faire rayonner ses assiettes. Les poissons du Léman ou les crus méconnus de Savoie, qu'il affectionne tant, sont les stars d'une carte résumant la philosophie d'un chef surdoué, à la virtuosité nourrie de simplicité. Sans ostentation, comme le lieu, la signature de ce chef trois étoiles et Meilleur Ouvrier de France 2004 s'affranchit du superflu pour aller à l'essentiel : la délicatesse d'un biscuit de brochet et lotte du lac, la tendreté d'un filet de chevreuil, etc. Une cuisine d'émotion, du plaisir à l'état... naturel.

Accord proposé par Denis Verneau

Les Vignes du Paradis
IGP Vin des Allobroges
Chasselas sous voile 2019
Température de service : 12 °C

Cette recette nous plonge dans une atmosphère automnale empreinte de voiles mordorés, de tissus épais et d'effluves épicés aux notes de noisette torréfiées. Difficile de résister à cette tentation, et rien de mieux pour l'accompagner qu'un vin blanc sec qui joue délicatement sur la corde sensible de l'oxydation.

Pour 4 personnes

- 100 g de purée de céleri
- 2 œufs
- 2 oignons
- 50 g de beurre
- Sucre en poudre
- 300 g de chou-rave
- 100 g de cèpes, de champignons sauvages ou de champignons de Paris
- 200 g de crème fraîche liquide
- 50 g de mascarpone
- 15 cl de bouillon de légumes
- 50 g de beaufort
- Sel et poivre

Les jaunes d'œufs séchés (la veille)

Mélanger la purée de céleri avec du sel afin qu'elle soit très salée. Détendre avec de l'eau pour obtenir une préparation légèrement liquide. Mettre le mélange dans un plat.
Séparer les jaunes d'œufs des blancs, puis déposer les jaunes sur la purée. Réserver 24 h au réfrigérateur, en retournant les jaunes au bout de 12 h. Le lendemain, rincer les jaunes rapidement dans un bol d'eau avec une écumoire. Laisser sécher 24 h au four à 50 °C, sur une grille.

Les oignons séchés (la veille)

Émincer les oignons, puis les faire suer dans le beurre. Assaisonner et faire caraméliser avec une pincée de sucre, puis laisser compoter. Une fois les oignons cuits, les étaler très finement entre deux feuilles de papier sulfurisé et mettre à sécher 24 h au four à 50 °C.

Le chou-rave et les champignons (le jour même)

Le jour même, éplucher le chou-rave, le tailler en petits dés de 0,5 cm, puis le cuire à l'eau frémissante salée.
Pendant ce temps, poêler les champignons, assaisonner et les hacher en gros morceaux. Réserver.

Le risotto

Dans une sauteuse, faire chauffer à feu doux la crème, le mascarpone, le bouillon de légumes et le beaufort râpé jusqu'à ce que l'ensemble soit bien amalgamé.
Ajouter le chou-rave et rectifier éventuellement le goût avec un peu de beaufort.
Incorporer les champignons. Saler et poivrer si besoin.

Dressage

Déposer une c. à soupe généreuse de risotto de chou-rave dans les assiettes.. Râper les jaunes d'œufs séchés par-dessus, puis surmonter des oignons séchés.

L'astuce du chef

Pour apporter un côté festif au plat, vous pouvez ajouter quelques fines lamelles de truffe.

GNOCCHIS, SOMMITÉS DE CHOU-FLEUR ET JUS ONCTUEUX AU BRUT ALPIN

PIETER RIEDIJK

RESTAURANT ACHILLÉE
87, rue Jean-Jaurès – 73350 Bozel
+33 (0) 4 57 37 28 55

Ancien chef du Montgomerie, restaurant deux étoiles Michelin de K2 Altitude à Courchevel, le chef Pieter Riedijk a ouvert sa première table, Achillée, dans un petit village de montagne de 2 000 âmes en Savoie. L'ambition qu'il partage avec sa compagne Lucie est simple : offrir une très bonne cuisine avec de bons produits et de bons vins pour le plaisir de leurs clients. Une cuisine des quatre saisons dans laquelle les produits locaux ont la part belle, tout comme les herbes sauvages que le chef adore cuisiner. Une cuisine de partage, avec des plats simples comme la tarte aux ceps et lard paysan, la salade de tomates à l'ancienne, sérac et livèche du jardin, les spaetzle gratinés au beaufort et oignons frits ou la grillade de porc. Le nom de leur maison affirme leur parti pris végétal, puisque l'achillée millefeuille est une plante à l'amertume légère et aux nombreuses vertus médicinales.

Accord proposé par Maxime Valéry

Domaine Belluard
Vin de Savoie Le Feu 2019
Température de service : 12-14 °C

Le gringet est un cépage incroyable qui ensorcelle avec son aromatique précise de fleurs et de fruits blancs à noyaux. La bouche, droite comme un i, apporte pureté et franchise.

Pour 6 personnes

Pour les gnocchis de pommes de terre et de panais
- 1 kg de gros sel
- 3 de pommes de terre agria
- 4 panais
- ½ œuf
- 40 g de farine
- 3 g de sel
- Beurre

Pour le chou-fleur
- 1 chou-fleur
- 700 g de crème liquide
- Beurre

Pour la sauce au chou-fleur et à l'ail fermenté
- 25 g de champignons de Paris
- 25 g d'échalote
- 10 g de jus d'ail fermenté
- 50 g de beurre
- 75 g de Brut Alpin, domaine Blard & Fils

Pour la purée de persil
- 1 botte de persil
- Sel et poivre

Pour le croustillant d'oignon
- 1 oignon
- Huile de pépins de raisin

Pour le citron confit
- Le zeste et le jus de 1 citron
- 20 g de sucre en poudre

Les gnocchis de pommes de terre et de panais

Sur une plaque, déposer les pommes de terre et les panais sur un lit de gros sel et les cuirs au four à 160 °C. Récupérer la chair et la passer au chinois étamine. Mélanger avec les autres ingrédients, sans trop mixer. Former des gnocchis et pocher à l'eau frémissante.

Le chou-fleur

Détailler le chou-fleur en préservant la forme naturelle du tronc et le couper en fines lamelles. Faire blanchir et réserver.
Faire cuire les sommités 2 min à l'anglaise. Elles doivent rester croquantes. Faire refroidir dans une eau glacée.
Préparer une purée en faisant blanchir les parures du chou-fleur 1 min, puis rafraîchir dans une eau glacée. Mettre à cuire dans la crème, jusqu'à ce que le chou-fleur soit bien cuit. Égoutter en réservant la crème pour la sauce. Mixer le chou-fleur pour obtenir une purée très lisse.

La sauce au chou-fleur et à l'ail fermenté

Faire suer les champignons et l'échalote. Incorporer la crème réservée et laisser infuser. Passer au chinois étamine. Ajouter le jus d'ail fermenté et monter au beurre.

La purée de persil

Blanchir le persil dans une casserole d'eau bouillante bien salée. Mixer, passer au chinois étamine et assaisonner.

Le croustillant d'oignon
Ciseler l'oignon finement. Le faire revenir dans de l'huile de pépins de raisin, en remuant jusqu'à coloration. Égoutter.

Le citron confit
Tailler le zeste de citron en fine julienne. Faire cuire avec le jus et le sucre. Laisser confire doucement.

Finitions et dressage
Faire colorer la moitié des sommités de chou-fleur au beurre et l'autre moitié sur le gril. Monter la purée de chou-fleur au beurre. Incorporer le Brut Alpin à la sauce au chou-fleur.
Déposer une c. à soupe de purée, puis les gnocchis glacés au beurre, les sommités de chou-fleur, pour finir avec la purée de persil, le citron confit, le croustillant d'oignon et les lamelles de chou-fleur.

CAPPUCCINO DE CÈPES À LA FÈVE DE TONKA, NOISETTES TORRÉFIÉES

LAURENT RIGAL

L'ALEXANDRIN
83, rue Moncey – 69003 Lyon
+33 (0) 4 72 61 15 69
www.lalexandrin.fr

À quelques minutes des Halles de Lyon – Paul Bocuse, Laurent Rigal propose une cuisine classique, revisitée, avec une sensibilité pour le végétal qu'il sublime dans un menu spécifique. Installé en 2007 sous l'œil bienveillant de Monsieur Paul, le chef s'amuse avec les saveurs, les textures et les épices, comme en témoignent la volaille de Bresse cuisson basse température, mousseline d'aubergine et jus de volaille à l'estragon ainsi que les madeleines au chocolat Guanaja, marmelade d'oranges confites au Grand Marnier. Une créativité inspirée par Pierre Gagnaire, aux côtés duquel le chef a œuvré deux années durant. Dans établissement moderne limité à 30 couverts, le service est particulièrement soigné et le sens de l'accueil hissé au plus haut.

Accord proposé par Denis Verneau

Château de Rouanne
Vinsobres, 2019
Température de service : 16 °C

Dès la première gorgée qui accompagne la première bouchée, on est conquis par cette association. Le grain des tanins, tout en maîtrise, nappe harmonieusement le palais, tandis que le velouté du cappuccino virevolte dans la bouche. Les attributs de sous-bois du plat et le tempérament sudiste du vin font excellent ménage.

Pour 4 personnes

- 200 g de cèpes + 4 beaux cèpes
- 50 g d'oignon
- 20 g de noisettes
- Huile d'olive
- 25 cl de bouillon de volaille
- 1 l de crème fraîche liquide
- 10 g de fève de tonka
- Sel et poivre du moulin

Brosser les cèpes, puis les couper et les laver. Couper finement l'oignon. Torréfier les noisettes, puis les concasser. En réserver quelques-unes pour le dressage.
Dans une poêle à feu vif, faire revenir le tout 1 min dans 2 c. à café d'huile d'olive. Ajouter le bouillon de volaille, faire réduire de moitié et mixer. Assaisonner d'un peu de sel et de poivre du moulin.
Dans un bol rempli d'huile d'olive, placer les 4 cèpes émincés.

Dans un cul-de-poule, battre au fouet la crème froide. Transférer la moitié dans un saladier et mélanger avec la fève de tonka râpée. Incorporer le contenu de la poêle à la deuxième moitié et mixer pour obtenir un velouté.

Verser le velouté dans des assiettes creuses. Égoutter les cèpes émincés sur du papier absorbant, puis les disposer tout autour. Placer au centre 1 c. à soupe de crème à la fève de tonka. Servir chaud.

L'astuce du chef

Pour rendre cette entrée encore plus gourmande, parsemer chaque assiette de chips de topinambour ou, pour une version non végétarienne, de copeaux de foie gras.

KASHK BADEMJAN (FONDANT D'AUBERGINES)
MOJGAN TASHVIGHI

RESTAURANT MOJGAN
20, rue Royale - 69001 Lyon
+33 (0) 9 83 72 66 67
www.mojgan.fr

La rue Royale abrite un établissement qui fleure bon les épices et invite au voyage. Dans un univers feutré où les banquettes rouges tranchent avec les murs aux pierres apparentes, Mojgan Tashvighi, passée par l'Institut Paul Bocuse, propose une cuisine franco-iranienne inspirée de celle de ses grands-parents, restaurateurs à Shiraz. Des recettes authentiques, revisitées avec des produits de qualité provenant de producteurs locaux. La cheffe allie tradition et modernité dans des assiettes généreuses où la souris d'agneau, riz basmati, fèves, aneth et safran surprend autant que l'emblématique fondant d'aubergines. Un joli moment d'évasion.

Accord proposé par Denis Verneau

Celliers de Meknès
Guerrouane Zayane 2015
Température de service : 15 °C

Ce plat est une invitation au voyage. Paré de mille et une saveurs, il nous initie à de nouvelles cultures. Poursuivons le périple en dégustant un vin marocain de la région de Guerrouane, proche de la ville de Meknès. Élaboré à partir du cépage carignan, il fait preuve d'une grande générosité tout en restant pondéré.

Pour 3 personnes

- 1 kg d'aubergines (environ 3)
- Huile de tournesol, ou autre huile neutre
- 1 gros oignon (200 g)
- 1 c. à café de curcuma
- ¼ de c. à café de poivre moulu
- 20 g d'ail
- 2 c. à soupe de menthe séchée
- 100 g de kashk*
- 50 g de noix (facultatif)
- Sel

Éplucher les aubergines et les couper en tranches de 1 à 2 cm d'épaisseur. Placer dans une passoire, saupoudrer de sel et laisser reposer 15 à 30 min.

Dans une grande poêle ou une sauteuse, faire chauffer 4 c. à soupe d'huile. Faire cuire les tranches d'aubergines à feu moyen-doux, en les retournant de temps en temps, jusqu'à ce qu'elles soient bien dorées et surtout bien tendres (compter 20 min environ).

Transférer les aubergines dans un récipient à fond plat et les écraser à l'aide d'un presse-purée, d'une fourchette ou d'un gros pilon. On peut aussi les passer rapidement au robot sans trop mixer pour garder un peu de texture.

Faire chauffer 2 c. à soupe d'huile dans une casserole moyenne (ou dans la poêle des aubergines) et ajouter l'oignon émincé. Faire revenir 5 à 10 min jusqu'à ce qu'il soit doré. Incorporer le curcuma et le poivre. Ajouter l'aubergine, l'ail et la menthe séchée. Mélanger et faire revenir 3 min. Ajouter un peu d'eau si nécessaire.

Ajouter le kashk et 10 cl d'eau. Couvrir et laisser mijoter 5 min à feu très doux. Ajouter éventuellement les noix moulues et faire mijoter encore 10 min. Ajuster du sel si besoin. Servir tiède ou à température ambiante avec du pain.

L'astuce de la cheffe

Pour décorer, ajoutez un peu de kashk (très légèrement dilué pour le rendre plus liquide), de la menthe séchée frite et/ou des oignons frits. Pour la menthe, faites chauffer 1 ou 2 c. à soupe d'huile dans une petite poêle et ajoutez 1 c. à soupe de menthe séchée en poudre. Mélangez 5 à 10 secondes, puis transférez dans un récipient.

* Le kashk bademjam est un plat traditionnel iranien dont le nom associe ses deux ingrédients principaux : le kashk, produit laitier au goût prononcé et l'aubergine.

VIANDES

FILET DE VEAU RÔTI AU THYM CITRON, BLETTES ET GÂTEAU AUX CAROTTES

ROMAIN BARTHE

AUBERGE DE CLOCHEMERLE
173, rue Gabriel-Chevallier
69460 Vaux-en-Beaujolais
+33 (0) 4 74 03 20 16
www.aubergedeclochemerle.fr

Romain Barthe est installé avec son épouse, Delphine, à l'Auberge de Clochemerle dans le petit village de Vaux-en-Beaujolais, rendu célèbre en 1934 par le roman de Gabriel Chevallier, *Clochemerle*. Nommé Chef espoir de l'année 2011 et récompensé d'une étoile au *Guide Michelin* (de 2012 à 2019), le chef concocte des plats colorés, originaux et savoureux, en perpétuelle évolution, selon les produits, les saisons et son inspiration. Respirer, goûter, observer, tel est le credo de cette maison en pleine nature dans laquelle il est doux de passer la nuit dans l'une des jolies chambres et de profiter de l'espace bien-être. C'est l'occasion de découvrir un village bucolique à proximité de Lyon.

Accord proposé par Arnaud Chambost

Domaine Longère
Beaujolais-Villages blanc
En Verchères 2020
Température de service : 11-12 °C

La tendreté et les flaveurs de ce plat laissent présager un bel accord avec ce chardonnay, intense et complexe, dont les arômes floraux et de verveine, de miel et quelques notes toastées s'harmonisent.

Pour 4 personnes

- 400 g de filet de veau
- 4 blettes
- 250 g de jus de veau
- 6 branches de thym citron
- Huile d'olive
- Beurre
- Sel et poivre

Pour le gâteau aux carottes

- 5 œufs
- 200 g de sucre en poudre
- Le zeste de 2 citrons
- 300 g d'amandes en poudre
- 300 g de carottes
- 80 g de fécule de maïs
- 1 pincée de clous de girofle en poudre
- 1 pincée de cannelle en poudre
- 10 g de poudre à lever
- 1 pincée de sel

Le filet de veau et les blettes

Portionner le filet de veau en 4 morceaux de 100 g chacun et réserver au réfrigérateur.
Éplucher les blettes et les faire cuire dans une casserole d'eau bouillante salée. Les plonger dans une eau glacée pour arrêter la cuisson, puis les égoutter sur un linge.
Faire réduire le jus de veau de moitié avec 2 branches de thym citron.
Faire colorer chaque face du filet de veau. Le mettre dans un plat avec un filet d'huile d'olive et une noisette de beurre. Frotter le reste de thym citron sur la viande et enfourner pour 6 min à 200 °C.

Le gâteau aux carottes

Préchauffer le four à 160 °C.
Séparer les blancs d'œufs des jaunes. Fouetter les jaunes avec le sucre et le zeste de citron jusqu'à ce que le mélange blanchisse et devienne mousseux.
Ajouter les amandes en poudre, les carottes finement râpées, la fécule, la cannelle, les clous de girofle, la cannelle, la poudre à lever et le sel.
Battre les blancs d'œufs en neige très ferme et les ajouter à la préparation précédente.
Enfourner pour 15 min et servir avec le filet de veau.

BŒUF CHAROLAIS SERVI BLEU, CAVIAR D'AQUITAINE ET JEU DE CHOUX-FLEURS

OLIVIER BOIZET

LE DOMAINE DE CHAMPLONG
100, chemin de la Chapelle
42300 Villerest
+33 (0) 4 77 69 69 69
www.domaine-de-champlong.com

Le domaine de Champlong, situé au sud de Roanne, est un havre de bonheur, où Véronique et Olivier Boizet reçoivent leurs hôtes dans une maison chaleureuse avec hôtel et spa, restaurant gastronomique (La Table L'EsSENSiel), brasserie et golf 18 trous. Amoureux du goût et respectueux du produit, le chef réalise sa cuisine comme il aime la manger. Une cuisine d'auteur, gourmande, écrite au gré des saisons, une cuisine actuelle, mais pas éphémère, contemporaine sans effet de mode. Il aime réinventer des recettes d'inspiration française, en laissant le produit exprimer toutes ses subtilités, comme la cuisse de volaille farcie aux langoustines, cuite douze heures, ou la surprenante tartelette croustillante chocolat São Tomé et kalamansi.

Accord proposé par Arnaud Chambost

Domaine Sérol
Côte Roannaise rouge
Chez Coste 2020
Température de service : 14-15 °C

Ce mets associant terre et mer permet d'oser un rapprochement local avec ce gamay saint-romain complexe, issu d'un élevage long en amphore. La vinosité, les tanins fins et la fraîcheur sont de bons alliés.

Pour 4 personnes

- 600 g de chou-fleur
- 4 feuilles de gélatine or
- 25 g d'huile de pépins de raisins
- 6 g d'agar-agar
- 3 cl d'huile de noisette
- 15 g de persil plat
- 4 tournedos de charolais maturé 4 semaines (140 g pièce)
- 80 g de beurre
- 100 g de beurre noisette cuit à 151 °C
- 1 chou-fleur violet
- 50 g de caviar d'Aquitaine
- Sel et poivre blanc

Faire cuire 400 g de chou-fleur à l'anglaise. Bien le rafraîchir et laisser égoutter 2 à 3 h.

Mixer en chauffant le chou-fleur avec la gélatine, l'huile de pépins de raisins et l'agar-agar, pour atteindre une température de 100 °C. Étaler la préparation sur une plaque tapissée de film alimentaire. Laisser refroidir et détailler en 4 carrés de 20 × 20 cm. Réserver au frais.

Râper le reste de chou-fleur, puis assaisonner d'huile de noisette, de persil plat haché, de sel et de poivre blanc.

Dans une poêle, marquer les tournedos au beurre assez chaud jusqu'à caramélisation. Ils ne doivent pas être cuits à l'intérieur. Réserver au four à 45 °C.

Dans les assiettes très chaudes, disposer un carré de chou-fleur de 20 × 20 cm, afin qu'il remonte en température. Marquer les tournedos au beurre noisette et les ouvrir en deux. Les placer au centre des assiettes. Assaisonner de persil et d'huile de noisette. Déposer des sommités de chou-fleur violet salées, poivrées et arrosées d'huile de noisette.
Mettre le beurre à température (35 °C maximum), puis ajouter le caviar et napper les tournedos.

VIENNOISE DE VEAU, POLENTA ET ZESTES D'ORANGE

LAURENT BOUVIER

LA CABORNE
455, avenue du Général-de-Gaulle
69760 Limonest
+33 (0) 4 78 35 12 10
www.lacaborne.fr

Le chef Laurent Bouvier œuvre depuis 2019 dans cet hôtel-restaurant au décor contemporain et à la vue imprenable sur les monts du Lyonnais. Un retour aux sources, car, après s'être formé auprès de grands chefs de la région, il avait dirigé le restaurant gastronomique familial du Puy d'Or, à Limonest. Cet ancien champion de France de pâté-croûte continue à régaler les Lyonnais de son pâté-croûte « tradition », de son oreiller de la belle Aurore et de son foie gras de canard. Il signe aussi une carte raffinée, qui parie sur le terroir et le local en privilégiant les produits frais, avec le gratin de ravioles au saint-marcellin, le tartare de bœuf charolais poêlé, le tataki de magret de canard laqué ou la gaufre maison.

Accord proposé par Gaëtan Bouvier

Weingut Gritsch
Riesling Setzberg Émeraude 2021
Température de service : 12 °C

On raffole de la chapelure croustillante de ce plat né en Autriche. Elle absorbe ce blanc ciselé de la vallée du Danube. On en redemande.

Pour 8 personnes

- 1,6 kg de filet de veau
- 3 cornichons
- 100 g de câpres
- 2 échalotes
- Le zeste de 2 oranges
- 2 c. à café de sucre en poudre
- 500 g de polenta
- 1 l de lait
- 50 g de crème
- 100 g de beurre noisette
- 2 gousses d'ail
- 150 g de beurre
- 150 g de chapelure
- 150 g de fromage râpé

Faire rôtir le filet de veau à cœur à 55 °C.

Mélanger le beurre, la chapelure et le fromage râpé pour constituer la viennoise.

Hacher ensemble les cornichons, les câpres et les échalotes.

Émincer les zestes d'orange et les faire blanchir trois fois, puis les faire confire 30 min avec le sucre et 2. c. à café d'eau.

Faire gonfler la polenta dans le lait et la crème bouillants. Ajouter le beurre noisette, l'ail haché et les zestes d'orange confits.

Couper le filet de veau en rondelles. Dresser la polenta dans les assiettes à l'aide d'un emporte-pièce, surmonter d'une rondelle de viande, puis napper de viennoise et de beurre chaud.

FOIE GRAS POCHÉ, CŒUR DE CAILLE ET LAQUE AU MAÏS

ANDRÉ CHOUVIN

LE TILIA
Place du Plaisir – 69170 Joux
+33 (0) 4 74 05 19 46
www.letilia.com

Natif de Tarare, le chef André Chouvin, formé par les plus grands (Paul Bocuse, Paul et Marc Haeberlin, Jean Fleury, Michel Lorain), a beaucoup voyagé avant de s'installer à Joux, près de Tarare, en 2007. Il réinvente les grands classiques de la gastronomie française avec audace : croquettes d'escargots, infusion aux cinq herbes, Saint-Jacques bretonnes et foie gras poêlé, savarin de haddock et homard… Sa cuisine s'apparente à un dialogue entre innovation et tradition, savoir-faire et créativité, terroir et exotisme. Avant d'ouvrir son restaurant gastronomique dans le Rhône, l'enfant du pays a fait du chemin, passant des cuisines du Julien, à Boston, aux fourneaux de ses deux restaurants australiens. C'est ainsi qu'épices et condiments exotiques subliment ses plats. Sur la place du Plaisir, l'art rencontre la gastronomie !

Accord proposé par Laurent Derhé

Domaine d'Orfeuilles
AOC Vouvray moelleux 2016
Température de service : 9 °C

La douceur d'un chenin moelleux en accord avec la gourmandise du foie gras.

Pour 8 personnes

- 1 lobe de foie gras de canard déveiné (400 g environ)
- Sucre en poudre
- 1 c. à soupe de cognac
- 4 filets de caille
- Huile d'olive
- 200 g de maïs
- 1 feuille de gélatine
- 3 l de fond de volaille
- 50 g de pop-corn
- Sel et poivre

Ouvrir le lobe de foie gras, puis assaisonner d'un mélange de sel (7 g), de poivre (2 g) et de sucre (3 g). Arroser du cognac et réserver 6 h au réfrigérateur.

Faire cuire les filets de caille à l'huile d'olive et les couper en lanières.

Mixer la moitié du maïs, passer au chinois étamine et incorporer la feuille de gélatine préalablement réhydratée dans l'eau froide.

Déposer les lanières de caille et le reste de maïs sur le foie gras. Refermer, rouler dans un torchon et ficeler.
Faire bouillir le fond de volaille, y plonger le rouleau de foie gras, couvrir et éteindre le feu. Laisser cuire 1 h.
Placer 24 h au réfrigérateur.

Égoutter le foie gras, puis le couper en tranches de 1,5 cm d'épaisseur. Rouler dans le pop-corn haché et napper de jus de maïs additionné de gélatine pour créer un laquage.

ÉPAULE D'AGNEAU EN TAJINE, PETITS FARCIS ET SEMOULE ORIENTALE

PHILIPPE GAUVREAU

DADDY POULE
173, avenue Charles-de-Gaulle
69160 Tassin-la-Demi-Lune
+33 (0) 4 89 51 33 53
www.daddypoule.com

Après de nombreuses années à la tête du restaurant étoilé La Rotonde, Philippe Gauvreau a imaginé, puis créé le restaurant Daddy Poule. Perché sur les hauteurs de Tassin-la-Demi-Lune, ce *rooftop* ouvert de 10 h 30 à 1 h remporte tous les suffrages et séduit tous les âges. Le chef met un point d'honneur à servir des plats savoureux, préparés avec des produits frais et de saison, tels l'œuf de poule fermier « P'tit Gone » cuit mollet et sa crème de courge onctueuse, ou le filet de bar cuit sur la peau et son risotto crémeux au parmesan. Une cuisine créative, inscrite sur une carte courte dans laquelle finesse et saveurs sont les maîtres mots, et déclinée dans un lieu de vie atypique, où il est possible de déjeuner, de dîner ou de profiter de son bar et de son ambiance musicale.

Accord proposé par Laurent Derhé

Château Revelette Peter Fischer
AOC Coteaux d'Aix-en-Provence 2018
Température de service : 17 °C

L'agneau aime les vins du Sud
au tempérament bien affirmé.

Pour 4 personnes

Pour les paupiettes d'aubergine
- ½ poivron rouge
- ½ poivron vert
- ½ poivron jaune
- Huile d'olive
- 1 gousse d'ail
- 1 brin de thym
- ½ aubergine
- Sel et poivre

Pour les artichauts poivrades et les tomates
- 4 artichauts
- 40 g d'échalote
- Huile d'olive
- 10 g de poitrine fumée
- 4 cl de vin blanc sec
- 1 cl de fond blanc
- 4 tomates (40 g pièce) avec pédoncule

Pour la niçoise
- 50 g de poivron rouge
- 50 g de poivron vert
- 50 g de poivron jaune
- 50 g d'oignon
- 1 gousse d'ail
- 1 brin de thym
- Huile d'olive
- 3 feuilles de basilic

Pour le jus du tajine
- 550 g d'oignons
- 20 g d'huile d'olive
- 20 g de beurre
- 7 gousses d'ail
- 1 brin de thym
- 8 zestes d'orange séchés
- 4 zestes de citron séchés
- 12 g de coriandre fraîche
- 30 g de miel
- 1 l de jus d'agneau
- 8 g de ras el-hanout

Pour le tajine
- 1 gousse d'ail
- 1,5 kg d'épaule d'agneau du Limousin avec cs
- 7 zestes d'orange
- 2 zestes de citron
- 10 g de beurre
- 1 brin de thym

Pour la semoule
- 40 g de beurre
- 200 g de semoule
- 1 pistil de safran
- 6 g de baies de goji
- 6 g de raisins de Corinthe
- 1 c. à soupe de coriandre
- 8 g de pignons de pin
- 8 g d'amandes effilées
- Sel

Les paupiettes d'aubergine

Couper les poivrons en lanières de 4 à 5 cm. Les poêler à l'huile d'olive avec l'ail et du thym. Égoutter.
Détailler l'aubergine en tranches fines. Les placer sur une plaque avec de l'huile d'olive, du sel, du poivre et du thym. Enfourner pour 3 à 4 min à 180 °C.
Envelopper les lanières de poivrons des tranches d'aubergine pour obtenir 4 paupiettes.

Les artichauts poivrades et les tomates

Tourner les artichauts, puis les faire cuire façon barigoule.
Ciseler l'échalote, puis la mettre à suer dans une petite cocotte en fonte avec de l'huile d'olive. Ajouter la poitrine fumée coupée en lardons, puis déglacer au vin blanc.
Après 3 ou 4 min, ajouter le fond blanc et faire cuire lentement à couvert (attention à ne pas trop cuire pour garder la viande un peu ferme).
Inciser les tomates au niveau du pédoncule pour marquer le chapeau. Les plonger 3 à 4 secondes dans une casserole d'eau bouillante, puis les rafraîchir immédiatement.
Couper les chapeaux, les évider et retirer la peau.

La niçoise
Ouvrir les poivrons, ôter les parties blanches et les couper en petite brunoise ainsi que l'oignon. Faire sauter le tout avec la gousse d'ail, le thym et de l'huile d'olive. Égoutter. Mélanger la niçoise avec le basilic, puis en garnir les artichauts et les tomates.

Le jus du tajine
Faire suer les oignons émincés avec l'huile d'olive, le beurre, l'ail, le thym, les zestes d'orange et de citron. Quand les oignons ont légèrement blondi, ajouter le miel, la coriandre et le ras el-hanout. Mouiller avec le jus d'agneau et laisser cuire doucement pendant 30 min. Passer le jus.

Le tajine
Frotter le plat avec l'ail. Déposer l'épaule d'agneau désossée et ficelée, puis ajouter les zestes, le beurre et le thym. Mouiller avec le jus et enfourner pour 1 h 30 à 220 °C. À la sortie du four, déficeler, déposer les paupiettes d'aubergine, les artichauts et les tomates autour de l'épaule. Passer le jus au chinois et remettre 5 min au four pour réchauffer les légumes.

La semoule
Faire bouillir 160 g d'eau avec du sel et le beurre. Verser sur la semoule, remuer, ajouter le safran, couvrir et laisser gonfler.
Faire gonfler 30 min environ les baies de goji et les raisins dans un peu d'eau, à demi-couvert. Bien les égoutter et incorporer à la semoule, tout en égrainant à la fourchette. Ajouter la coriandre ciselée, les pignons de pin et les amandes. Servir dans un bol avec la viande et les garnitures.

RISOTTO AUX MORILLES ET SOT-L'Y-LAISSE

DOMINIQUE GRISONI

LE VAL D'AMBY
2, place de la République
38118 Hières-sur-Amby
+33 (0) 4 74 82 42 67
www.hotel-levaldamby.com

Après avoir beaucoup voyagé en France et à l'étranger, c'est sur les terres natales de son épouse, Katie, que ce chef toulonnais, Compagnon du Tour de France, est venu s'installer. Un bel esprit de famille règne dans cette maison de charme, située à seulement 30 kilomètres de Lyon, où l'accueil est aussi généreux que la cuisine. Sur une carte en perpétuel mouvement, des plats emblématiques, tels que la souris d'agneau braisée au foin « 12 heures » et le soufflé chaud au Grand Marnier, font le bonheur d'une clientèle d'habitués. Dominique Grisoni dresse des assiettes colorées au visuel soigné, à l'image du filet de saint-pierre rôti sur une fondue de poireaux aux palourdes et crème d'oursin.

Accord proposé par Laurent Derhé

Fruitière Vinicole d'Arbois
AOC Arbois, cuvée Béthanie 2018
Températude de service : 12 °C

Les vins du Jura et les morilles ont toujours vécu une histoire d'amour.

Pour 4 personnes

- 250 g de sot-l'y-laisse de poulet
- 200 g de morilles
- 60 g de beurre
- 2 échalotes
- 200 g de riz rond à risotto
- 40 cl de bouillon de volaille
- Parmesan
- Huile de truffe
- Sel et poivre du moulin

Parer les sot-l'y-laisse.

Nettoyer bien les morilles. Les faire revenir au beurre rapidement, assaisonner et réserver.

Faire suer au beurre les échalotes ciselées. Ajouter le riz et bien le faire nacrer. Verser quelques morilles hachées, assaisonner et mouiller à hauteur avec le bouillon de volaille.
Laisser cuire doucement et remouiller si nécessaire.
Au terme de la cuisson, ajouter 60 g de beurre, puis 70 g de parmesan râpé pour lier le riz.

Faire saisir les sot-l'y-laisse dans une poêle bien chaude, bien assaisonner et débarrasser. Finaliser le risotto en ajoutant quelques morilles.

Dans des belles assiettes creuses, déposer les sot-l'y-laisse, parsemer de copeaux de parmesan et arroser d'un filet d'huile de truffe.

SOT-L'Y-LAISSE CONFITS, COMME L'IMPRESSION D'UN VOYAGE AU SÉNÉGAL

ÉRIC GUÉRIN

LA MARE AUX OISEAUX
223, rue du Chef-de-l'Île
44720 Saint-Joachim
+33 (0) 2 40 88 53 01
www.mareauxoiseaux.fr

Passé par quelques-unes des plus prestigieuses maisons de la capitale (la Tour d'Argent, Taillevent, le Jules Verne), le chef Éric Guérin s'est très tôt installé sur l'île de Fédrun, au cœur du Parc naturel régional de Brière, un terroir rare entre Saint-Nazaire, la Baule et Guérande. Dans cet environnement préservé, fait de marais fourmillants, de brumes matinales et d'oiseaux migrateurs, la Mare aux Oiseaux constitue une paisible chaumière, mais aussi une table étoilée dans laquelle le chef exécute une cuisine créative, inspirée de son environnement et de souvenirs de séjours lointains. Les menus sont un appel au voyage dont l'itinéraire est écrit en fonction de la criée du jour et des produits de saison.

Accord proposé par Maxime Valéry

Peyre Rose
Coteaux du Languedoc blanc, Oro 2007
Température de service : 13 °C

Un vin aux accents orientaux, aux épices douces, aux notes mielleuses. Curry et pommes cuites au four complètent la palette aromatique du plat, déjà très complexe. La bouche allie le gras du viognier et la tension du rolle, offrant un équilibre parfait et une persistance au palais de plusieurs caudalies.

Pour 4 personnes

Pour le jus d'oignon
- 8 oignons
- 2 l d'eau de source
- 4 clous de girofle
- 1 c. à s. de cumin
- 2 bâtons de cannelle
- 1 cardamome noire
- 1 c. à soupe de sauce d'huître
- Sel et poivre du moulin

Pour les pickles de graines de moutarde
- 30 g de graines de moutarde blonde
- 30 cl de bouillon de volaille ou de légume
- 10 cl de vinaigre de riz
- 0,5 l d'eau de source
- 15 g de miel de nos ruches

• Pour les sot-l'y-laisse
- 20 sot-l'y-laisse de poulet fermier
- 200 g de gros sel gris de Guérande
- 500 g de graisse d'oie
- 1 branche de thym
- ½ c. à soupe de sauce d'huître
- Piment d'Espelette
- Sel et poivre

Pour les pétales d'oignons blancs
- 1 botte de petits oignons blancs nouveaux
- Huile d'olive
- Sel et poivre

Pour les chips de peau de poulet
- La peau d'un poulet fermier
- Fleur de sel de Guérande
- Poivre noir de Madagascar du moulin

Pour le gel d'oignon
- 1 piment oiseau déshydraté
- 1 l d'eau de source
- 4 g d'iota carraghénane (gélifiant naturel)

Pour le dressage
- Feuilles de roquette ou pousses de moutarde
- 1 citron
- 1 citron vert
- Poivre du moulin
- Quelques fleurs

Le jus d'oignon (la veille)
Préchauffer le four à 250 °C. Déposer les oignons dans un plat profond allant au four. Recouvrir de papier aluminium et enfourner pour 1 h.
Couvrir les oignons de l'eau de source, puis ajouter les épices et la sauce d'huître. Enfourner pour 7 h à 90 °C. Laisser refroidir à température ambiante.
Passer le jus au chinois étamine et conserver les oignons (en réserver 2 pour le gel d'oignon).
Si besoin, remettre le jus à réduire pour obtenir un liquide sombre et concentré en saveurs. Sinon, rectifier l'assaisonnement et conserver au frais.

Les pickles de graines de moutarde (la veille)
Faire tremper les graines de moutarde toute une nuit dans le bouillon pour les réhydrater.
Le jour même, les égoutter et les mettre à cuire à feu doux dans l'eau de source, le vinaigre de riz et le miel pour obtenir des graines gonflées et dorées à souhait.
Conserver au frais dans le liquide de cuisson.

Les sot-l'y-laisse (le jour même)
Nettoyer les sot-l'y-laisse, les recouvrir de gros sel et laisser reposer 10 min à température ambiante.

Les rincer et les sécher, puis les mettre à confire dans la graisse d'oie avec la branche de thym, 30 min à 60 °C (effectuer cette opération sous vide et au thermoplongeur). Laisser refroidir dans la graisse.

La purée d'oignons
Récupérer l'intérieur des oignons qui ont servi à préparer le jus d'oignon.
Les mettre dans un Thermomix avec la sauce d'huître et une pincée de piment d'Espelette. Mixer pour obtenir une fine mousseline. Rectifier l'assaisonnement et conserver au frais.

Les pétales d'oignon blanc
Nettoyer les oignons blancs nouveaux et supprimer les fanes. Les faire cuire sous vide avec un peu de sel, de poivre et un filet d'huile d'olive, 45 min à 90 °C. Laisser refroidir.
Tailler les oignons en deux, brûler la surface plate au chalumeau et les effeuiller pour obtenir des pétales réguliers. Réserver au frais.

Les chips de peau de poulet
Étaler la peau de poulet sur une plaque recouverte de papier sulfurisé. Assaisonner en insistant sur la fleur de sel. Recouvrir d'une autre feuille de papier sulfurisé, puis d'une plaque. Enfourner pour 10 min à 210 °C. Laisser refroidir entre les plaques, hors du four.
Tailler de petits triangles et conserver au sec. Ajouter de la fleur de sel si besoin pour obtenir un effet chips.

Le gel d'oignon
Tailler en deux les oignons brûlés mis de côté et mettre dans une casserole.
Ajouter le piment oiseau et l'eau de source. Porter à ébullition 15 min. Laisser infuser jusqu'à refroidissement. Passer au chinois étamine, puis remonter en température jusqu'à frémissement. Ajouter l'iota et porter à ébullition. Placer au frais.

Dressage et finition
Snacker les sot-l'y-laisse à la plancha pour les colorer et les réchauffer.
Dans une assiette creuse, déposer une quenelle de purée d'oignons et verser un fond de jus d'oignon à température ambiante.
Ajouter les sot-l'y-laisse rôtis, agrémentés de chips de peau de poulet, de feuilles de roquette ou de pousses de moutarde, et de fleurs afin de parfumer le plat.
Râper le zeste des 2 citrons, donner un tour de moulin à poivre, puis déposer les pétales d'oignons blancs garnis de pickles de graines de moutarde recouverts de gel d'oignon.

ÉCHINE DE PORC À LA THAÏLANDAISE, GRENAILLES À LA PLANCHA

JACQUES LAFARGUE

Jacques Lafargue Traiteur
7, route des Troques – 69630 Chaponost
+33 (0) 4 78 56 58 26
www.jacques-lafargue-traiteur.com

Jacques Lafargue est un chef traiteur de réputation internationale connu pour son ouverture aux cuisines du monde. Son parcours est marqué par sa forte expérience auprès de grands noms et par ses quinze années passées en Asie. Cuisine traiteur traditionnelle ou recettes plus exotiques, Jacques Lafargue et son équipe élaborent sans cesse de nouvelles recettes et s'adaptent aux demandes des particuliers et des professionnels en proposant une solution traiteur à 360 degrés : de la conception des mets jusqu'à la location d'espaces pour les événements.

Accord proposé par Fabrice Sommier

Aegerter
AOP Nuits-Saint-Georges Premier Cru 2010
Température de service : 15 °C

La robe est d'un rouge carmin très brillant. Le nez classique du pinot noir bénéficie d'une touche supplémentaire de cerises et de champignons frais. La bouche est tendre, avec une finale déjà presque fondue. Une belle expression bourguignonne.

Pour 3 personnes

Pour la viande
- 2 gousses d'ail
- 1 c. à café de gingembre frais
- 5 cl de sauce soja
- 6 cl de sauce de poisson
- 6 cl de sauce d'huître
- 1 c. à soupe d'huile de tournesol
- 30 g de sucre en poudre
- 3 ou 4 tiges de coriandre
- 450 g d'échine de porc
- Poivre

Pour les pommes de terre
- 450 g de pommes de terre grenailles
- 2 feuilles de laurier
- 6 c. à soupe d'huile d'olive
- Oignons
- Thym ou sarriette
- Sel

La viande
Hacher l'ail et le gingembre, puis les mélanger avec les trois sauces, l'huile de tournesol, le sucre, les queues de coriandre écrasées et du poivre. Laisser mariner l'échine de porc tranchée 20 min dans ce mélange.
Passer la viande à la plancha 5 à 8 min.

Les pommes de terre
Laver et essuyer les grenailles sans les éplucher.
Les faire cuire 12 min dans une casserole d'eau avec du sel et le laurier. Vérifier leur cuisson avec la pointe d'un couteau.
Égoutter dans une passoire et les faire rissoler à l'huile d'olive sur la plancha avec l'échine. Ajouter des oignons émincés, du thym ou de la sarriette.

Dressage
Servir les tranches d'échine avec la marinade et des feuilles de coriandre, accompagnées des pommes de terre.

TARTARE DE CANARD, AUX KUMQUATS ET POMMES DE TERRE GRILLÉES

JULIEN LE GUILLOU

L'ANTR'OPOTES
118, rue Bossuet – 69006 Lyon
+33 (0) 4 81 65 29 78
www.lantropotes.fr

En plein cœur des Brotteaux, Julien Le Guillou propose un lieu où partage et convivialité sont les maîtres mots. Formé auprès de l'illustre Paul Bocuse, le chef a choisi de privilégier une cuisine bouchonomique, dans laquelle la carte évolue chaque semaine selon le marché autour des spécialités lyonnaises. Dans une ambiance de bouchon, l'andouillette de chez Bobosse, l'os à moelle rôti dans la longueur, ou encore les rognons de veau cuits entiers, accompagnés de purée maison, font le bonheur des convives. Autant de plats frais et gourmands qui appellent, pour terminer en douceur, un baba au rhum ou une tarte à la praline, suivis d'une liqueur des frères Chartreux.

Accord proposé par Fabrice Sommier

La Ferme de Jeanne
AOP Bugey 2021
Température de service : 13 °C

Une robe d'un rouge clair, brillant et élégant. Un nez gourmand avec une touche d'épices. La bouche est fraîche avec de la matière et une finale agréable.

Pour 4 personnes

Pour le tartare de canard
- 800 g de magret de canard
- Le zeste de 1 citron
- 5 kumquats
- 2 échalotes
- 25 g de parmesan en bloc
- 2 c. à café d'huile d'olive
- 2 pincées de fleur de sel de l'île de Ré
- Poivre du moulin

Pour la réduction de kumquats
- 150 g de kumquats
- 2 c. à café de sucre en poudre
- Vinaigre balsamique blanc
- Sel

Pour les pommes de terre
- 6 pommes de terre nouvelles moyennes
- 2 citrons
- 1 c. à soupe d'huile d'olive
- 1 branche de thym
- Sel et poivre du moulin

Le tartare
Retirer la peau du magret de canard et le tailler en petits dés. Placer la viande dans un bol avec le zeste de citron, les kumquats coupés en petits des, les échalotes ciselées, le parmesan en petits morceaux, l'huile d'olive, la fleur de sel et le poivre du moulin. Bien mélanger et laisser macérer 1 h au frais.

La réduction de kumquats
Ôter les extrémités des kumquats et les couper en deux. Les placer dans une casserole avec le sucre. Mouiller à hauteur avec de l'eau et faire cuire à couvert. Ils sont cuits lorsqu'ils sont bien translucides.
Les mixer avec un peu de jus de cuisson jusqu'à obtenir un coulis, puis passer au chinois étamine.
Rectifier l'assaisonnement avec du sel et du vinaigre balsamique blanc. Laisser refroidir.

Les pommes de terre
Laver les pommes de terre et les éplucher si la peau est trop épaisse. Les couper en tranches de 1 cm environ.
Laver les citrons, puis les couper en tranches fines et les épépiner. Jeter les deux extrémités, qui ne contiennent pas de pulpe.
Verser l'huile d'olive dans un plat à gratin et l'étaler sur le fond et les bords.
Alterner les tranches (2 ou 3) de pommes de terre et une tranche de citron. Procéder ainsi jusqu'à épuisement des ingrédients.
Parsemer de thym, saler, poivrer et arroser d'huile d'olive.

Enfourner pour 1 h 40 à 180 °C. Vérifier la cuisson avec la pointe d'un couteau : les pommes de terre sont cuites quand elle s'enfonce facilement dans leur chair.

Dressage

Dresser le tartare à l'aide d'un emporte-pièce. Disposer tout autour un peu de réduction de kumquats. Servir accompagné des pommes de terre.

CAILLES FARCIES AUX LÉGUMES ET FOIE GRAS, PRESSÉ DE POMMES DE TERRE À LA GRAISSE DE CANARD

BENJAMIN NIETO

CHEZ LUCIEN BISTROTIER
0, rue de Belfort – 69004 Lyon
+33 (0) 4 26 07 35 76
www.chez-lucien.fr

Les guirlandes colorées brillent de mille feux dans cet établissement labellisé Green Food et niché au numéro 0 de la rue de Belfort. Avec son parquet ancien, ses pierres apparentes, son plafond typiquement canut, l'ambiance est à l'image de la cuisine de Benjamin Nieto, à la fois chaleureuse et authentique. Formé auprès des étoilés Christian Têtedoie et Cédric Béchade, le chef s'inspire des plats traditionnels – du Sud-Ouest au Lyonnais –, qu'il réinvente en osant des mariages inédits avec une pointe d'espièglerie. Recettes signatures et assiettes de saison, ragoût de pieds de cochon aux piquillos gratiné à la moelle, quasi de cochon des monts Lagast, osso-buco... s'enchaînent sur les tables de gourmands de plus en plus fidèles.

Accord proposé par Fabrice Sommier

Château Capet Guilier
AOP Saint-Émilion Grand Cru 2016
Température de service : 16 °C

La robe cerise est brillante. Le nez est facile, avec une belle expression de fruits noirs et rouges, et une touche de céréales maltées. La bouche est vigoureuse avec des tanins riches et de la structure.

Pour 3 personnes

Pour les cailles farcies
- 3 cailles
- 250 g de chou vert
- Champignons de Paris
- 200 g de carottes
- 200 g d'oignons blancs
- 200 g de céleri-rave
- 3 escalopes de foie gras (60 g pièce)
- 50 g de noisettes
- Beurre
- Huile d'olive
- 1 gousse d'ail
- Sel et poivre

Le pressé de pommes de terre
- 2,5 kg de pommes de terre
- Huile
- 3 branches de thym
- Piment d'Espelette
- 1l de graisse de canard
- Sel

Les cailles farcies

Nettoyer les cailles et les désosser par le dos pour les mettre à plat, en conservant les manchons.
Émincer finement le chou vert. Tailler les champignons, les carottes, l'oignon et le céleri-rave en brunoise.
Faire cuire les légumes séparément et réserver au frais.
Poêler les escalopes de foie gras, juste pour les marquer, et non pour les cuire.
Mélanger les légumes avec les noisettes torréfiées concassées pour obtenir une farce. Rectifier l'assaisonnement.
Placer chaque caille sur une feuille de film étirable, surmontée de farce et de 1 escalope de foie gras.
Replier le film en tentant de reconstituer la forme des cailles, puis le doubler pour garantir l'étanchéité.
Cuire 30 min au four vapeur à 75 °C, ou 30 min dans une casserole d'eau frémissante.

Le pressé de pommes de terre

Éplucher les pommes de terre, puis les tailler à la mandoline en fines rondelles.
Badigeonner un plat avec de l'huile et le tapisser de papier sulfurisé.

Monter le pressé en disposant les rondelles de pommes de terre en écailles (comme un gratin dauphinois).
Toutes les trois couches, assaisonner de thym, de sel et de piment d'Espelette. Continuer le montage en changeant de sens pour le rangement des écailles. Répéter l'opération jusqu'à épuisement des pommes de terre.

Recouvrir le pressé de graisse de canard légèrement fondue, puis cuire 2 h à 140 °C. À la sortie du four, recouvrir d'une feuille de papier sulfurisé, puis un récipient de même taille, chargé d'une brique de lait (par exemple), de manière à presser les pommes de terre. Laisser reposer 24 h.
Le lendemain, démouler et couper des tranches de 1 cm de largeur environ. Les saisir sur chaque face dans une poêle antiadhésive.

Finitions et dressage

Colorer lentement les cailles à la poêle avec une goutte d'huile d'olive, une noisette de beurre et une gousse d'ail en chemise. Dresser à votre guise.

PIGEONNEAUX RÔTIS EN COCOTTE AUX GOUSSES D'AIL, RIZ SAUVAGE D'AMÉRIQUE

PIERRE ORSI

LE CAZENOVE
75, rue Boileau – 69006 Lyon
+33 (0) 4 78 89 82 92
www.le-cazenove.com

Son nom évoque la tradition, la transmission du savoir et l'amour du travail bien fait. Installé depuis plus de quarante-quatre ans rue Boileau, Pierre Orsi, disciple de Paul Bocuse, ancien chef étoilé et ancien président des Toques Blanches Lyonnaises, est le gardien d'une cuisine intemporelle qui sublime les mets les plus délicats : homard breton, foie gras, saumon fumoir, ris de veau, perdreaux gris de Sologne, Saint-Jacques et gibier en saison... Ces produits d'exception émanent de producteurs avec lesquels le chef a tissé, au fil des années, des liens précieux et privilégiés.

Accord proposé par Fabrice Sommier

Ogier
AOP Châteauneuf-du-Pape,
cuvée des Chorégies 2015
Température de service : 16 °C

Une robe rubis intense. Un nez frais et puissant de fraises et de poivre noir, avec une touche mentholée. La bouche est structurée, avec de la matière et une belle richesse appuyée par des tanins nets.

Pour 4 personnes

- 4 pigeonneaux (550-600 g pièce)
- 24 gousses d'ail
- 100 g de beurre
- 5 cl d'huile d'arachide
- 2 cl de vin blanc
- 5 cl de fond de volaille
- 4 tranches de pain de campagne
- Beurre
- Cognac
- 40 g de foie gras
- 100 g de riz sauvage d'Amérique
- 100 g de bacon
- 1 oignon
- Moutarde
- Sel et poivre

Flamber et vider les pigeonneaux. Saler, poivrer et les brider. Réserver les foies.
Dans une casserole, faire revenir les pigeonneaux et les gousses d'ail entières au beurre et à l'huile.
Les faire colorer en conservant le beurre mousseux.

Déposer les pigeonneaux dans une cocotte en fonte émaillée, puis mettre au four très chaud (240-300 °C) pour 10 min environ (afin de faire fondre la graisse sous la peau), en arrosant souvent. À la sortie du four, égoutter les pigeonneaux. Lever les cuisses et les ailes, puis les déposer à l'envers pour conserver le sang. Enlever les os des ailerons. Couper la tête en deux. Réserver les pigeonneaux.

Retirer la moitié du beurre de cuisson des pigeonnaux. Déglacer au vin blanc.

Préparer un jus en ajoutant le fond de volaille et les os des ailerons. Faire réduire et assaisonner. Laisser mijoter les gousses d'ail pour terminer de les cuire, sans les écraser.

Détailler les tranches de pain de campagne en canapés et les faire dorer au beurre de cuisson. Les tartiner de la farce.

Faire sauter vivement les foies réservés dans le beurre de cuisson, puis saler et poivrer. Les égoutter, puis les écraser avec une noix de beurre. Ajouter quelques gouttes de cognac, un peu de foie gras, une pointe de moutarde, du sel et du poivre. Mixer le tout au robot coupe.

Faire cuire le riz 1 h à l'eau bouillante salée. Rincer et égoutter. Dans une poêle, mettre du beurre, le bacon en julienne et l'oignon haché. Ajouter le riz et faire rissoler.

Couper les pigeonneaux en deux et retirer les gros os.
Dans des assiettes chaudes, placer les canapés
et surmonter des demi-pigeonneaux.
Placer le riz, les gousses d'ail confites et les foies au cognac
tout autour. Arroser de jus de cuisson et servir très chaud.

LIÈVRE À LA ROYALE
OLIVIER PAGET

L'ÂME SŒUR
209, rue Duguesclin – 69003 Lyon
+33 (0) 4 78 42 47 78
www.restaurantlamesoeur.fr

À deux pas du nouveau palais de justice, l'Âme Sœur, qui emprunte son nom à un vin de Seyssuel produit par un ami du chef, propose une cuisine traditionnelle pleine de fraîcheur, ponctuée de notes d'originalité. Après avoir travaillé aux côtés des chefs étoilés Pierre Gagnaire, Georges Blanc et Pierre Orsi, Olivier Paget surprend par des associations audacieuses et des mariages heureux, au gré des facéties du temps. Cappuccino de dos de cabillaud au poireau bleu de Solaize, brioche froide d'oreille de cochon au coulis d'artichaut, lorgnette de filet de sole aux truffes et lièvre à la royale façon « Âme Sœur » mettent dans le mille. Les desserts ont du pep's. Il suffit d'apprécier la clémentine rôtie entière à la casserole, crème de fleur d'oranger et glace au pain d'épices pour s'en convaincre.

Accord proposé par Denis Verneau

Château Guiraud
Sauternes 2010
Température de service : 10 °C

Loin d'être une extravagance ou une excentricité, c'est bel et bien l'intérêt de l'accord qui prédomine. La rencontre de deux univers complémentaires ; une harmonie pour un mariage de passion. On a souvent, à tort, tendance à associer force et puissance. Le résultat ressemble plus à un combat qu'à une alliance. La garantie d'une expérience riche en émotions.

Pour 10 personnes

- 1 lièvre de 2 kg environ, entièrement désossé avec parures
- 1 l de vin rouge
- 4 gousses d'ail
- Thym
- Laurier
- 50 g de foies de volaille
- 300 g de filet de veau
- 200 g de gorge de porc
- 75 g de pain de mie
- 25 g de lait
- 100 g de trompettes-de-la-mort
- 20 g de beurre
- 300 g d'échalotes
- 1 c. à soupe de graisse d'oie
- 2 g de cardamome
- 10 cl de fine de cognac
- 50 g de truffe noire (*Tuber melanosporum*)
- 350 g de foie gras de canard
- Fleur de sel
- Sel et poivre du moulin

L'avant-veille

Mettre à mariner le lièvre dans le vin rouge avec l'ail, le thym et le laurier.
Passer au hachoir (grosse grille) les foies de volaille, les parures de lièvre, réservées lors du désossage, le filet de veau, la gorge de porc, la mie de pain trempée dans le lait et les trompettes-de-la-mort cuites au beurre, jusqu'à obtenir une farce.
Faire confire les échalotes à la graisse d'oie.

La veille

Étaler à plat le lièvre. Assaisonner de sel, de poivre du moulin et de cardamome. Arroser de la fine de cognac. Mélanger la farce avec les échalotes et étaler au centre du lièvre. Déposer le foie gras coupé en deux au milieu, puis ajouter la truffe hachée (réserver quelques lamelles pour le dressage). Refermer harmonieusement dans du film alimentaire, en serrant.
Placer le lièvre et sa marinade dans une cocotte. Faire cuire 2 h à four doux (95 °C) ; la viande doit être à 65 °C à cœur. Égoutter et placer toute une nuit au frais.

Le jour même

Lier le jus de cuisson avec le sang du lièvre. Passer au chinois étamine, rectifier l'assaisonnement et ne plus faire bouillir.
Couper le lièvre en 10 tranches et déposer sur des assiettes chaudes. Surmonter de lamelles de truffe. Assaisonner de fleur de sel et de poivre du moulin. Placer un peu de sauce à part.

GRATIN DE MACARONIS À LA QUEUE DE BŒUF ET AU FOIE GRAS

JOËL SALZI

LES FINES GUEULES
16, rue Lainerie – 69005 Lyon
+33 (0) 4 78 28 99 14
www.fines-gueules.fr

Niché dans une ruelle confidentielle du vieux Lyon, le bouchon Les Fines Gueules sait régaler les amateurs de bonne chère. Formé à l'école hôtelière de Chamalières et après plus d'une décennie aux côtés de l'illustre Paul Bocuse à Collonges en qualité de directeur adjoint, Joël Salzi fait vivre la tradition lyonnaise à travers des plats sincères et authentiques, retravaillés au goût du jour. Dans des assiettes à la présentation bien pensée, les pieds de cochon panés, la terrine de queue de bœuf et la quenelle de brochet artisanale à la bisque d'étrilles ont la part belle. Ici, tout est fait maison, comme le proclame une inscription : « Nous, on épluche, on désosse, on mijote, on cuisine ! »

Accord proposé par Denis Verneau

Domaine Stéphane Ogier
IGP Collines rhodaniennes
L'Âme Sœur 2019
Température de service : 16 °C

La robe de cette microcuvée des coteaux de Seyssuel, rouge grenat, est à elle seule une invitation. Son bouquet aguicheur aux arômes de violette, de cassis et de poivre vous fera fondre. Pour finir, laissez-vous submerger par sa bouche enjôleuse, qui ondule entre fruits noirs, fleurs sauvages, cuir et épices.

Pour 8 personnes

- 200 g d'oignons
- 200 g de carottes
- 1 queue de bœuf de 3 kg (à faire couper par le boucher)
- 40 g de beurre
- Huile de tournesol
- 2 l de vin rouge corsé
- 1 bouquet garni (vert de poireau, thym, laurier, branche de céleri)
- Baies de genièvre
- 1 cube de bouillon
- 50 cl de lait entier
- 50 g de farine
- 200 g de crème épaisse
- 500 g de macaronis De Cecco ou équivalent
- 8 escalopes de foie gras français frais (40 g pièce environ)
- Gruyère râpé
- Sel et poivre du moulin

La veille

Tailler les oignons et les carottes en dés.
Faire bien colorer les morceaux de queue de bœuf avec le beurre et de l'huile de tournesol. Saler. Débarrasser et réserver.
Dans la même cocotte, faire revenir les oignons sans coloration, puis les carottes. Débarrasser et réserver.
Dégraisser, déglacer au vin rouge et rassembler tous les ingrédients réservés. Ajouter le bouquet garni. Faire cuire 5 h à feu doux. La viande doit rester immergée dans le liquide (au besoin, ajouter un peu d'eau).
En fin de cuisson, récupérer la chair, qui doit se détacher toute seule. Jeter les os et le bouquet garni, puis faire mijoter encore 20 min dans le jus de cuisson. La viande doit être immergée, mais pas plus. Laisser réduire jusqu'à consistance « juteuse ».
Mouler dans une terrine ou un plat. Laisser refroidir et placer toute une nuit au réfrigérateur.

Le jour même

Retirer la pellicule de graisse à la surface. Démouler, faire fondre et mouler en parts individuelles sur 1 à 2 cm d'épaisseur.
Préparer une béchamel avec le lait et la farine. En fin de cuisson, ajouter la crème.
Faire cuire les macaronis très al dente. Les refroidir.
Dans une poêle bien chaude, faire colorer les escalopes de foie gras assaisonnées sur les deux faces, mais sans excès. Rouler les macaronis dans la béchamel et rectifier l'assaisonnement. Répartir le tout dans les plats.
Parsemer de gruyère râpé. Enfourner pour 20 min à 200-210 °C, jusqu'à belle coloration du fromage.

JARRET DE VEAU DE LAIT EN COCOTTE
GÉRARD SÉNÉLAR

CARPE DIEM
56, rue Molière – 69006 Lyon
+33 (0) 4 72 75 91 54
www.carpediem.restaurant

Voilà un lieu où le temps n'a pas de prise. Dans un décor baroque au charme désuet, le doyen des cuisiniers lyonnais en activité et des Toques Blanches Lyonnaises régale les palais nostalgiques de ses recettes traditionnelles, et réconfortantes. Accompagné de son épouse, Anick, Gérard Sénélar perpétue le savoir-faire acquis dans les cuisines du restaurant familial de Moulins, approfondi au sein de grandes maisons (La Tour d'Argent, Le Grand Véfour, Charles Barrier). À la carte, la meilleure tête de veau de Lyon, accompagnée de sa sauce gribiche. Une recette qu'il peaufine depuis 1942. Exceptionnels également, le foie de veau au vinaigre de framboise et un généreux vacherin au chocolat Valrhona. Un joyau d'authenticité!

Accord proposé par Denis Verneau

Domaine Berthaut-Gerbet
Fixin 2017
Température de service : 16 °C

La délicatesse de l'un n'a d'égale que la finesse de l'autre. La petite musique qui émane de la cocotte lors de la cuisson du jarret de veau impose presque la présence du pinot noir. Dans un registre de ténor plutôt que de contre-ténor ou de baryton, il possède une tessiture claire, profonde et mélodieuse.

Pour 4 personnes

- 1 pied de veau
- 2 carottes
- 2 oignons, dont 1 piqué de 3 clous de girofle
- 2 bouquets garnis
- 1 branche de céleri
- 1 poireau
- ½ tête d'ail rose
- 5 cl de vinaigre de Xérès
- 10 cl d'huile de pépins de raisin
- 50 g de beurre
- 1 jarret de veau de lait de Chalosse de la boucherie Massot
- Fond de veau
- Sauge
- 2 c. à soupe de miel de fleurs
- Sel et poivre

Dans une marmite d'eau froide, placer le pied de veau et les carottes coupés en deux, un bouquet garni, le céleri, la moitié du poireau, l'oignon, la moitié de la tête d'ail rose et le vinaigre de Xérès. Laisser cuire 2 h 30, puis écumer. Ajouter le jarret de veau et faire pocher 20 min. Débarrasser et réserver.
Laisser réduire le bouillon 30 min à feu vif, puis le passer au chinois étamine.

Dans une cocotte, verser l'huile et le beurre. Ajouter la garniture aromatique (carottes, poireau) en mirepoix et le deuxième oignon en dés. Faire suer et ajouter le jarret de veau. Saler et poivrer.
Ajouter le pied de veau et compléter avec le fond de veau (3 ou 4 louchées). Placer un bouquet garni, le reste de céleri, de poireau et d'ail, et 4 feuilles de sauge. Couvrir et enfourner pour 40 min à 180 °C.

À la sortie du four, ajouter 2 c. à soupe de miel et cuire 20 min à découvert en arrosant régulièrement avec le fond de veau. Réserver le jarret, passer le contenu de la cocotte au chinois étamine pour obtenir un jus et rectifier l'assaisonnement.
Remettre le jarret de veau dans la cocotte, verser le jus de cuisson et enfourner pour 15 min à 160 °C, en arrosant très régulièrement.

POULE NOIRE D'ALSACE
NICOLAS STAMM-CORBY

LA FOURCHETTE DES DUCS
6, rue de la Gare – 67210 Obernai
+33 (0) 3 88 48 33 38
www.lafourchettedesducs.com

Avec son architecture à colombages, le bâtiment d'exception, voulu par Ettore Bugatti, qui abrite La Fourchette des Ducs impressionne déjà. Le salon d'hiver n'est-il pas classé à l'inventaire supplémentaire des monuments historiques ? Le chef Nicolas Stamm-Corby est un élève de l'école hôtelière Alexandre-Dumas d'Illkirch-Graffenstaden qui a fait ses classes à Colmar, chez Jean Schillinger. Sa quête permanente est celle du goût. La tradition est son repère et la création une constante détermination. Sa passion pour les produits de saison s'illustre dans son dos de sandre et cuisses de grenouille, « Schniederspaetzle » à la choucroute, ou de son médaillon de chevreuil des chasses d'Alsace, sauce grand veneur, se déguste ainsi à la lumière des deux étoiles qui brillent au-dessus de cette bâtisse chargée d'histoire.

Accord proposé par Denis Verneau

Domaine Barmès-Buecher
Pinot noir Vieilles Vignes 2019
Température de service : 16 °C

Un accord régional, oui mais...
Si, pendant des années, l'attention s'est portée sur l'excellence des vins blancs en Alsace, aujourd'hui, la qualité des vins rouges de ce vignoble n'a pas à rougir de la comparaison. Cette cuvée en est une preuve. Elle offre une parfaite définition de l'expression du pinot noir : pulpeux, croquant et charnel. Un délice avec cette poule noire.

Pour 2 personnes

Pour la poule
- 1 poule noire d'Alsace
- 1 l de lait
- 10 g de gros sel
- 1 bouquet garni (laurier, clou de girofle, cinq-baies, baies de genièvre)
- 1 truffe noire *(Tuber melanosporum)* de 40 g environ

Pour la mousseline céleri-pomme
- 1 pomme granny smith
- ¼ de céleri-rave
- 10 cl de crème liquide
- Sel et poivre

Pour la garniture
- Mini-carottes (orange, jaune, violette, toupie)
- Mini-betteraves (rouge, jaune, chioggia)
- Céleri-branche
- Beurre

Pour le jus à la truffe
- 10 cl de fond brun de veau réduit
- 30 g de brisures de truffe

La poule noire
Préparer et brider la volaille. La placer dans une grande cocotte avec le lait, le gros sel, le bouquet garni et de l'eau si besoin pour couvrir entièrement la poule.
Porter à ébullition, puis laisser frémir 40 min.
Débarrasser la poule, la couvrir de papier aluminium et laisser reposer 10 min.

La mousseline céleri-pomme
Laver et éplucher le céleri et la pomme. Tailler grossièrement le céleri, puis le faire cuire à l'anglaise. Ajouter la pomme en fin de cuisson. Mixer l'ensemble, passer au chinois étamine et assaisonner. Incorporer la crème et faire blanchir la purée. Réserver au chaud.

La garniture
Laver et éplucher les mini-légumes. Faire de même avec le céleri-branche, puis le tailler en tronçons. Faire cuire le tout à l'anglaise pour les garder croquants. Les plonger dans de l'eau froide, mais pas glacée, pour les refroidir.

Le jus à la truffe
Mélanger le fond de veau et les brisures de truffe.

Finitions
Lever les suprêmes de la volaille.
Tailler de fines lamelles de truffe de manière à couvrir les suprêmes.
Réchauffer le jus à la truffe.
Glacer les légumes dans de l'eau additionnée de beurre pour les rendre brillants.

Dressage
Dans les assiettes, déposer les suprêmes de volaille et les couvrir de lamelles de truffe.
Dresser un demi-cercle de mousseline céleri-pomme, garnir de légumes glacés, puis placer un peu de jus à la truffe au centre de l'assiette.

RIS DE VEAU DORÉS, RHUBARBE, BLETTES ET TOMATES VERTES, JUS ACIDULÉ

FRÉDÉRIC VARDON

LE 39V
39, avenue George-V – 75008 Paris
+33 (0) 1 56 62 39 05
www.le39v.com

Disciple de Dutournier, Chapel et Ducasse, Frédéric Vardon a vu le 39V couronné d'une étoile par le *Guide Michelin* de 2012 à 2019. Situé à deux pas des Champs-Élysées, le restaurant, véritable havre de paix installé sur les toits de Paris, s'inscrit dans le registre rare du restaurant bourgeois des temps modernes. Sa cuisine est élégante, séduisante, juste, et donne la priorité absolue au goût. Sa carte est un hommage à l'essentiel du patrimoine culinaire français, que le chef interprète au fil des saisons. Saint-Jacques de la baie de Seine (tiédie, séchée, tremblotante), cédrat, kombu, foie gras mi-cru et laqué, poissons en direct des criées, soufflé au chocolat au piment d'Espelette : le 39V est une vitrine du territoire français et de ses producteurs.

Accord proposé par Maxime Valéry

Domaine de Trévallon
IGP Alpilles 2019
Température de service : 12-14 °C

Un accord affectif. Un hommage à la Provence, où des femmes et des hommes produisent des vins encore trop méconnus. Partons à travers les Baux-de-Provence en compagnie de ce vin blanc aux effluves de garrigue, de romarin et de figues fleurs.

Pour 4 personnes

Pour le ris de veau
- 4 ris de veau non parés (250 g pièce)
- 4 grains de poivre noir du Sarawak
- 1 branche de thym
- 1 feuille de laurier
- Fleur de sel
- 25 g de beurre clarifié
- 4 gousses d'ail
- 70 g de beurre doux
- 20 cl de jus de veau
- 3 cl de vinaigre de champagne
- 16 lanières de tomates vertes confites
- 1 peau de citron au sel
- 12 câpres à queue
- 1 petite botte de ciboulette
- 1 échalote
- Sel et poivre du moulin

Pour la garniture
- 4 belles côtes de rhubarbe bien rouges
- 4 cosses de cardamome verte
- 1 oignon nouveau
- Poivre mignonnette
- 1 pied de jeunes blettes
- Le jus de 1 citron
- Huile d'olive
- 5 cl de fond blanc de volaille
- 80 g de beurre
- 1 gousse d'ail

Les ris de veau (la veille)
Faire dégorger les ris de veau 2 à 3 h sous un filet d'eau glacée, en changeant l'eau plusieurs fois.
Les faire blanchir en les démarrant à l'eau froide avec le poivre, le thym et le laurier. Au début de la première ébullition, les refroidir aussitôt dans une eau glacée.
Les égoutter sur du papier absorbant.
Dégraisser et dénerver les noix de ris de veau.
Les envelopper dans un linge et les déposer sur une plaque. Couvrir d'une autre plaque et placer un poids dessus (une casserole remplie de lentilles, par exemple).
Réserver 12 h au frais.
(le jour même)
Assaisonner les ris de veau de fleur de sel.
Faire fondre le beurre clarifié dans une cocotte. Mettre à colorer les ris avec les gousses d'ail en chemise, en les arrosant constamment. Les dorer sur toutes les faces, retirer les graisses et finaliser la coloration au beurre, à feu doux.
Lorsque les ris sont blonds, déglacer au vinaigre de champagne, bien les rouler, puis les laisser reposer sur une grille.
Verser le jus de veau dans la cocotte et laisser un peu réduire pour obtenir un jus onctueux. Rectifier l'assaisonnement et réserver.

La garniture
À l'aide d'un Économe ou d'un couteau d'office, éplucher la rhubarbe, la tailler en tronçons réguliers, puis la faire dégorger au sel.
Faire bouillir ½ litre d'eau, saler, puis ajouter les cosses de cardamome ouvertes, l'oignon nouveau tranché,

du poivre mignonnette et les épluchures de rhubarbe.
Faire cuire cette infusion 15 min à petit bouillon et à couvert. La verser sur les tronçons de rhubarbe en la passant au chinois étamine, placer dans une sauteuse et faire pocher à 80-85 °C ; la rhubarbe doit rester un peu ferme. Égoutter. Faire fondre du beurre dans une sauteuse. Faire revenir la rhubarbe jusqu'à une légère coloration, puis déglacer avec un trait de vinaigre de champagne.
Séparer le vert des côtes de blettes. Retirer les filaments en réservant au fur et à mesure les blettes dans une bassine d'eau froide additionnée de jus de citron.
Faire fondre du beurre dans un sautoir de cuivre à fond étamé avec de l'huile d'olive. Ajouter les côtes de blettes taillées en biseaux de 5 à 7 cm, préalablement égouttées dans une passoire. Les faire suer à blanc sans coloration. Mouiller à peine à hauteur avec le fond blanc de volaille bouillant. Ajouter 80 g de beurre en petites parcelles et faire cuire à couvert avec un léger frémissement. Les côtes de blettes doivent être fondantes.
Réserver au chaud.

Finitions
Enfourner les ris de veau pour 5 min à 180 °C. Faire chauffer le jus de veau, puis le monter au beurre. Ajouter un trait de vinaigre de champagne, les tomates confites, la peau de citron en lanières et les câpres coupées en deux.
Faire chauffer les côtes de blettes en les roulant, puis faire tomber le vert dénervé dans une noix de beurre, en les remuant avec une fourchette piquée d'ail.

Dressage
Dresser la rhubarbe, les côtes et le vert des blettes harmonieusement dans les assiettes. Déposer les ris de veau, poivrer généreusement au moulin et parsemer d'un peu de fleur de sel. Parsemer d'un peu de ciboulette et d'échalote ciselées.

DESSERTS

ÉVENTAILS AU CHOCOLAT PHILIPPE BERNACHON

BERNACHON PASSION
42, cours Franklin-Roosevelt – 69006 Lyon
+33 (0) 4 78 52 23 65
www.bernachon.com

Voilà trois générations que la famille Bernachon ravit les Lyonnais de ses chocolats, résultat d'un savoir-faire qui va de la culture de la fève de cacao à la réalisation de tablettes et bonbons de chocolat, ainsi que du célèbre Président, gâteau signature de la maison depuis bientôt cinquante ans. Dans le salon de thé-restaurant, on se régale des pâtisseries maison, accompagnées d'une tasse de chocolat chaud au goût unique, le goût Bernachon. À l'heure du déjeuner, le chef propose une cuisine traditionnelle pleine de fraîcheur, où les beaux produits sont à l'honneur : pâté-croûte, foie de veau, aile de raie… et la spécialité de la maison : la quenelle de brochet.

Accord proposé par Gaëtan Bouvier

Sodap
Commandaria Saint Barnabas
Température de service : 8 °C

La rencontre du cépage chypriote xynisteri et d'une icône pâtissière lyonnaise, dans un jeu de séduction dangereux car addictif.

Pour 4 personnes

Pour la ganache
- 160 g de crème liquide
- 140 g de chocolat

Pour le biscuit
- 75 g de blanc d'œufs (2 gros œufs ou 3 petits)
- 25 g de sucre en poudre
- 110 g de poudre d'amande
- 110 g de sucre glace

Pour le dressage
- 100 g de sucre glace

La ganache
Porter la crème à ébullition. Verser en deux fois sur le chocolat finement haché, en remuant régulièrement pour obtenir une ganache lisse.

Le biscuit
Monter les blancs d'œufs en neige au batteur. En fin de montage, incorporer le sucre pour resserrer les blancs. Mélanger la poudre d'amande et 110 g de sucre glace, puis ajouter délicatement les blancs en neige et mélanger. Étaler la pâte en formant 2 disques d'environ 15 cm de diamètre. Sur un papier de cuisson, cuire 8 min au four à 200 °C. Laisser refroidir.

Finition et dressage
À l'aide d'une spatule, étaler la ganache en dôme sur un 1er disque de biscuit. Couvrir avec le 2e disque. Recouvrir d'une fine couche de ganache tout le contour et le dessus du gâteau.
Saupoudrer légèrement de sucre glace.
Bonne dégustation !

FRAÎCHEUR DE MERINGUE À LA ROSE ET FRAMBOISES AU SIROP D'ANGÉLIQUE

FABRICE BONNOT

CUISINES ET DÉPENDANCES
68, rue de la Charité – 69002 Lyon
+33 (0) 4 78 37 45 02
www.fabricebonnot.fr

Dans leur havre de paix contemporain du quartier d'Ainay, où les murs accueillent les toiles de talentueux artistes, les chefs Fabrice Bonnot et Cédric Le Gouill rivalisent d'inventivité. Ayant une sensibilité pour les produits de la mer, Fabrice Bonnot nage dans le bonheur quand il travaille son authentique bouillabaisse, son homard sauce cayenne, ou ses chipirons à la catalane. Il séduit également les papilles avec son ris de veau rissolé et n'hésite pas à aller servir en salle l'emblématique Maxi finger et Dépendances pour être au plus près de ses convives. Sensible et solidaire, le chef-sourire déploie son énergie sans compter, notamment au travers des opérations caritatives, « Soupe en Scène » et « On bûche pour eux », au service des plus démunis.

Accord proposé par Gaëtan Bouvier

Rovero Piemonte Brachetto 2020
Température de service : 10 °C

Le croustillant et la légèreté du dessert, alliés à la pétillance délicatement sucrée de ce savoir-faire piémontais.

Pour 4 personnes

- 1 barquette de framboises

Pour la meringue
- 100 g de blancs d'œufs
- 220 g de sucre en poudre
- 3 g de colorant rouge

Pour le crémeux à la rose
- 8 jaunes d'œufs
- 240 g de sucre en poudre
- 70 g de Maïzena
- 1 l de lait
- 10 g d'arôme de rose
- 1 feuille de gélatine
- 50 cl de crème montée
- 200 g de noix

Pour le sirop d'angélique
- 1 branche d'angélique
- 200 g de sucre en poudre

La meringue
Monter les blancs en neige, puis les serrer avec le sucre. Incorporer le colorant et réserver à température ambiante, dans une poche à douille cannelée et de petit diamètre. Sur une plaque à pâtisserie, dresser régulièrement 6 à 8 petites meringues plates, puis enfourner pour 40 min à 100 °C.

Le crémeux à la rose
Blanchir énergiquement les jaunes d'œufs avec le sucre, puis ajouter la Maïzena.
Faire bouillir le lait avec l'arôme de rose. Verser sur le mélange précédent et faire cuire jusqu'à épaississement.
Ajouter la gélatine préalablement ramollie dans un bol d'eau froide et pressée, puis laisser refroidir.
Incorporer la crème montée et les noix hachées. Réserver au moins 2 h au réfrigérateur dans une poche à douille.

Le sirop d'angélique
Émincer très finement la branche d'angélique, puis la faire confire 30 min à feu doux dans une casserole avec 30 cl d'eau et le sucre. Filtrer et réserver.

Dressage
Déposer une petite meringue au centre des assiettes, puis pocher la crème par-dessus. Répéter l'opération, puis surmonter de quelques framboises. Servir bien frais avec le sirop d'angélique à côté.

ST-HO! CARAMEL AU BEURRE SALÉ
SÉBASTIEN BOUILLET

Pour 6 personnes

Pour la pâte sucrée
- 160 g de beurre ramolli
- 100 g de sucre glace
- 2 g de sel
- 50 g d'œuf
- 300 g de farine T55

Pour le crémeux au caramel
- 50 g de sirop de glucose
- 100 g de sucre en poudre
- 200 g de crème liquide entière
- 60 g de beurre demi-sel

Pour la crème pâtissière au caramel
- 24 cl de lait
- 12 g de beurre
- 50 g de sucre en poudre
- 1 gousse de vanille
- 25 g de farine T55
- 50 g de jaunes d'œufs

Pour la pâte à choux
- 3 g de sucre en poudre
- 70 g de beurre
- 2 g de sel
- 85 g de farine T55
- 160 g d'œufs

Pour le caramel
- 30 g de sirop de glucose
- 100 g de sucre en poudre

Pour la chantilly à la vanille
- 300 g de crème liquide entière
- 60 g de mascarpone
- 40 g de sucre en poudre
- ½ gousse de vanille

CHOCOLATERIE BOUILLET
15, place de la Croix-Rousse – 69004 Lyon
+33 (0) 4 78 28 90 89
www.chocolatier-bouillet.com

En bon gone « pur sucre », Sébastien Bouillet reprend les rênes de la pâtisserie familiale en 2000. Il décide, aussitôt, de développer des créations originales en s'appropriant les tendances pour mieux les détourner. Esthétisme, goûts francs, jouant avec l'acidité et l'amertume, fraîcheur et légèreté, il met en scène la gourmandise avec précision et élégance. Le résultat est étonnant : St-Ho ! caramel et vanille, Baba Too Baba et crème d'ange évoluant avec la saisonnalité, Tarte Lyon Tokyo, revisitée à la praline, chiffon cake, un incontournable de la pâtisserie japonaise... La créativité et l'innovation sont son credo. La signature Bouillet est née ! Des douceurs à découvrir dans ses douze adresses à Lyon et sa périphérie, ainsi qu'au Japon.

Accord proposé par Gaëtan Bouvier

Gérard Dorsaz
Petite Arvine mi-flétrie 2019
Température de service : 10 °C

Somptueux cépage valaisan, la petite arvine se dandine autour de cette inspiration rafraîchie du pâtissier Chiboust.

La pâte sucrée
Placer le beurre dans la cuve du batteur, puis incorporer le sucre glace tamisé avec le sel. Ajouter l'œuf, puis la farine tamisée et pétrir jusqu'à obtention d'une boule. Réserver au réfrigérateur. Étaler la pâte sur 2 mm d'épaisseur. Enfoncer un cercle de 22 cm de diamètre posé sur une plaque recouverte de papier sulfurisé ou d'un tapis de cuisson en silicone. Piquer le fond de tarte à l'aide d'une fourchette. Enfourner la pâte à blanc pour 15 min environ à 160 °C. Pour une cuisson parfaite, la tarte doit être d'une belle couleur rousse. Laisser refroidir hors du four.

Le crémeux au caramel
Dans une casserole, porter à ébullition le sirop de glucose. Incorporer le sucre en quatre fois : en ajouter d'abord un quart sans mélanger et laisser fondre (mélanger en cas de légère coloration). Ajouter les trois autres quarts de la même façon. Pendant ce temps, faire chauffer la crème dans une casserole. Une fois que le caramel atteint une belle couleur rousse, attendre l'apparition d'une petite mousse et verser la crème chaude. Faire cuire à 103 °C. Laisser refroidir jusqu'à 45 °C environ et ajouter le beurre. Mixer bien pour lisser le caramel. Réserver au frais.

La crème pâtissière au caramel
Dans une casserole, faire chauffer le lait avec le beurre, la moitié du sucre et la gousse de vanille fendue et grattée. Mélanger l'autre moitié du sucre avec la farine, puis ajouter les jaunes d'œufs et remuer énergiquement.
Verser une partie du lait chaud sur le mélange et fouetter bien. Remettre le tout dans la casserole, mélanger et laisser cuire 2 min jusqu'à ébullition, sans cesser de remuer. Mixer au mixeur plongeant et débarrasser dans un plat à gratin pour faire refroidir rapidement.

Mélanger bien la crème pâtissière au fouet afin de la lisser. Prendre le crémeux au caramel et réserver 100 g pour le montage. Incorporer le reste légèrement réchauffé à la crème pâtissière et mélanger.

La pâte à choux

Dans une casserole, faire chauffer doucement 160 g d'eau, le sucre, le beurre et le sel, jusqu'à ce que le beurre soit fondu. Porter à ébullition. Hors du feu, ajouter la farine tamisée et mélanger énergiquement à l'aide d'une spatule. Remettre sur le feu et faire dessécher la pâte en mélangeant énergiquement jusqu'à ce qu'elle forme une boule qui se décolle de la paroi de la casserole. Débarrasser dans la cuve du batteur munie de la feuille, ou dans un saladier (mélanger alors à la spatule). Laisser refroidir autour de 50 °C, tout en remuant afin d'évacuer la vapeur. Dans un bol, battre les œufs en omelette, puis incorporer jusqu'à obtenir une consistance ferme, lisse et brillante. Verser la pâte dans une poche munie d'une douille n° 12 et former 11 choux.

Le caramel

Mettre 30 g d'eau et le sirop de glucose dans une casserole, puis verser le sucre.

Faire cuire à feu vif jusqu'à 165 °C (ajuster la cuisson selon la couleur voulue). Plonger le fond de la casserole dans de l'eau froide pour arrêter la caramélisation. Tremper le côté rond des choux dans le caramel, puis les déposer sur une plaque. Laisser refroidir.

La chantilly à la vanille

Mélanger la crème avec le mascarpone, le sucre et les graines de la gousse de vanille. Monter en chantilly à l'aide d'un batteur. La crème ne doit pas être trop ferme afin de rester souple au moment du pochage. Réserver au réfrigérateur.

Montage

Répartir environ 100 g de crémeux au caramel sur le fond de tarte. Garnir avec un peu de crème pâtissière au caramel et lisser jusqu'au bord, à la spatule.
À l'aide d'une poche munie d'une douille n° 8, sur le dessus, pocher une spirale avec le restant de crème pâtissière, jusqu'à 0,5 cm du bord. Répartir géométriquement 10 choux glacés de caramel tout autour.
À l'aide d'une poche munie d'une douille à saint-honoré, pocher la crème chantilly. Poser le dernier chou au centre et réserver au frais.

LA PASSION AU CŒUR DU CHOCOLAT
LUDOVIC BOULGAKOFF

LUDOVIC B.
90, rue Masséna – 69006 Lyon
+33 (0) 4 37 24 19 28
www.ludovicb.fr

Dans le joli quartier Masséna, près des Brotteaux, Ludovic Boulgakoff ravit les gourmands de sa cuisine bistronomique au rapport qualité-prix remarquable. Soucieux de respecter la saisonnalité et la fraîcheur des produits, le chef berjallien, formé auprès de Philippe Girardon et Guy Savoy, propose une carte courte et étudiée, récompensée d'une toque *Gault & Millau*. Sur la terrasse, dans l'intimité de la mezzanine ou confortablement installé dans la salle moderne aux teintes noires et rouges du restaurant, on apprécie la saveur de plats finement ciselés au gré de ses inspirations maraîchères. L'unique prétention de ce chef est d'offrir une cuisine de tous les jours, à la fois recherchée et populaire.

Accord proposé par Gaëtan Bouvier

Barbeito
Malvasia 40 ans d'âge
Température de service : 10 °C

Torréfaction et exotisme du dessert ne sont pas dépaysés par un grand vin muté de cette île volcanique de l'Atlantique.

Pour 8 personnes

Pour la crème chocolat-Passion
- 20 cl de jus de fruits de la Passion
- 2 feuilles de gélatine
- 300 g de chocolat au lait
- 80 g de chocolat blanc
- ½ l de crème fouettée

Pour le coulis de fruits de la Passion
- 50 g de sucre en poudre
- 75 cl de jus de fruits de la Passion
- 20 g de Maïzena

Pour le biscuit dacquoise
- 3 blancs d'œufs
- 80 g de sucre en poudre
- 80 g d'amandes en poudre
- 40 g de farine

Pour le montage
- Grué de cacao

La crème chocolat-Passion

Faire chauffer à ébullition le jus de fruits de la Passion. Ajouter la gélatine réhydratée et essorée, puis les deux chocolats. Incorporer la crème fouettée.

Le coulis de fruits de la Passion

Préparer un caramel blond avec le sucre. Incorporer le jus de fruits de la Passion, puis la Maïzena. Verser sur le caramel pour le déglacer. Former 8 glaçons de coulis en conservant 20 cl et placer au congélateur. Ajouter 2 feuilles de gélatine au reste de coulis afin d'obtenir un miroir.

Le biscuit dacquoise

Monter le blanc d'œuf avec le sucre. Incorporer les amandes en poudre et la farine. Étaler sur une plaque à pâtisserie recouverte de papier sulfurisé et enfourner 8 min à 180 C.

Montage

À l'aide d'un cercle à pâtisserie de 8 cm de diamètre et de 4 cm de hauteur, découper le biscuit dacquoise et le laisser au fond du cercle. Le recouvrir à moitié de crème chocolat-Passion.
Placer les glaçons de coulis au centre et recouvrir du reste de crème jusqu'à ras bord.
Terminer en plaçant le miroir à la Passion.
Réserver 8 h au frais : les glaçons vont fondre et la crème chocolat-Passion va se figer.
Décorer le pourtour avec un peu de grué de cacao.

PARFAIT GLACÉ MIEL-SAFRAN
BENJAMIN BOUVARD

LE ZESTE GOURMAND
93, rue Bossuet – 69006 Lyon
+33 (0) 4 78 26 07 97
www.lezestegourmand.fr

C'est au cœur du 6e arrondissement que Benjamin Bouvard a décidé d'exercer son talent et de mettre en avant sa passion pour les agrumes. Formé auprès de Paul Bocuse et de Patrick Henriroux, le chef compose des assiettes créatives où l'influence de ses voyages se fait sentir, comme en témoignent le foie gras poêlé au poivre de Timut, bouillon iodé, crème de panais, thé matche, ou le veau laqué en marinade thaïe. Un vrai moment d'évasion dans un cadre scandinave, chic et épuré, aux couleurs des agrumes. Et bien entendu, le citron est décliné de bien des façons, notamment en trompe-l'œil, le dessert emblématique de la maison. On se laisse bien volontiers embarquer par ces mets raffinés, servis avec un zeste de sourire et de gourmandise. Une cuisine récompensée par un Bib Gourmand en 2023.

Accord proposé par Gaëtan Bouvier

Fenech
Malvasia delle Lipari Passito 2018
Température de service : 12 °C

Six mille bouteilles seulement, venues de l'île de Salina dans l'archipel des Éoliennes, au large de la Sicile, combinent salinité salivante et sucre suave. Majestueux !

Pour 10 personnes

- 1 pincée de safran
- 200 g de sucre en poudre
- 100 g de miel
- 5 jaunes d'œufs
- 500 g de crème 35 % MG

Porter à ébullition 30 cl d'eau, le safran, le sucre et le miel. Filmer et laisser infuser 10 min.

Monter en sabayon les jaunes d'œufs avec le sirop infusé, jusqu'à ce que le mélange forme un ruban. Réserver.

Monter la crème au batteur jusqu'à obtenir une consistance mousseuse. Incorporer délicatement au sabayon.

Remplir à ras bord des cercles à bavarois de la préparation, puis lisser. Réserver au moins toute une nuit au congélateur.

Au moment de servir, démouler le parfait à l'aide d'un chalumeau. Déposer sur une assiette et servir avec une crème montée légère à la vanille.

CRÉMEUX AU CHOCOLAT ILLANKA ET CITRON BROYÉ, ÉMULSION DE THÉ AU JASMIN

ALAIN BRUNOT

LE CLOS DES VARENNES
18, rue des Varennes
69380 Chazay-d'Azergues
+33 (0) 4 72 85 16 70
www.closdesvarennes.com

Au cœur d'un parc de 3 hectares, le Clos des Varennes accueille réceptions d'affaires, séminaires au vert, team buildings et cocktails dans une demeure de maître en pierres dorées dont les origines remontent au XVIIIe siècle. La cuisine, parsemée d'herbes sauvages provenant du jardin, est pleine de fraîcheur, à l'image du merlu, maraîchère de légumes, mélisse citronnelle, ou du biscuit roulé aux herbes, crémeux à la tomate, vinaigrette à l'ail noir de la Drôme, sorbet tomate-basilic. Des assiettes qui ont du sens, tout comme les vins de producteurs-récoltants à la carte du restaurant. Le chef Alain Brunot rivalise de créativité pour la note sucrée. Sa tartelette à la pêche blanche et ganache montée à la lavande fleure bon l'été.

Accord proposé par Arnaud Chambost

Domaine Yves Leccia
Poggio d'Oletta (2B)
Muscat du Cap Corse, vin doux naturel 2022
Température de service : 7-8 °C

Gourmand, exaltant, doté d'une exubérance maitrisée, ce muscat à petits grains dévoile une palette aromatique de rose, miel et cédrat confit. Sa douceur et sa fraîcheur s'harmonisent à merveille avec ce dessert croustillant, moelleux et… délicieux.

Pour 10 personnes

Pour le streusel à la noisette
- 15 g de noisettes torréfiées et concassées
- 50 g de beurre pommade
- 50 g de farine
- 50 g de cassonade
- 17 g de feuillantine noisette
- 10 g de zeste de citron

Pour l'insert au citron broyé
- 17 g de sucre en poudre
- 3,3 g de pectine
- 100 g de purée de citrons broyés Sicoly

Pour les mousses au chocolat Illanka
- 67 g de crème 35 % MG
- 67 g de lait
- 27 g de jaunes d'œufs
- 14 g de sucre en poudre
- 256 g de chocolat Illanka Valrhona
- 62 g d'infusion de thé au jasmin
- 225 g de crème à fouetter 35 % MG

Pour le nappage
- 75 g de sucre en poudre
- 75 g de crème 35 % MG
- 12,5 g de fécule de pomme de terre
- 2 g de gélatine 200 bloom en poudre hydratée avec 10 g d'eau
- Colorant jaune naturel

Pour l'écume de thé au jasmin
- 83 g de lait
- 7 g de sucre en poudre
- 0,7 g de gélatine 200 bloom en poudre hydratée avec 3,5 g d'eau
- 50 g d'infusion de thé au jasmin

Le streusel à la noisette (la veille)
Mélanger tous les ingrédients à la palette, puis étaler sur une toile pâtissière, jusqu'à obtenir une épaisseur de 2 à 3 mm. Laisser reposer toute une nuit. Le jour même, couper à l'emporte-pièce de 7 cm de diamètre.
Enfourner pour 14 min à 170 °C (le temps de cuisson dépend aussi du four utilisé).

L'insert au citron broyé
Mélanger le sucre avec la pectine et verser sur la purée de citrons. Bien mélanger et porter à ébullition. Mouler dans des inserts demi-sphériques de 3 cm de diamètre et faire figer au congélateur.

Les mousses au chocolat Illanka
Préparer une crème anglaise avec la crème, le lait, les jaunes d'œufs et le sucre. Faire cuire à la sonde à 82 °C, puis débarrasser.
Faire fondre le chocolat, puis ajouter la crème anglaise et bien émulsionner au mixeur plongeant. Incorporer l'infusion, toujours en émulsionnant, puis la crème fouettée.
Verser le mélange dans des moules individuels en silicone et déposer au centre un insert au citron. Tasser légèrement et lisser. Faire prendre au congélateur.

Le nappage
Porter à ébullition 95 g d'eau, le sucre et la crème. Ajouter la fécule mélangée à 12,5 g d'eau. Faire cuire rapidement, incorporer la gélatine et le colorant.

L'écume de thé au jasmin
Porter à ébullition le lait et le sucre. Ajouter la gélatine, puis l'infusion. Bien mélanger et laisser reposer.

Dressage
Démouler les mousses au chocolat, placer sur une grille et arroser du nappage. Déposer sur les streusels.
Au moment de servir, bien émulsionner l'écume de thé au mixeur plongeant, puis couler à côté des desserts.

LAIT. UNE PURETÉ, LE BLANC, LA NEIGE SUR NOS ALPAGES

STÉPHANE BURON

LE CHABICHOU
90, route des Chenus - Courchevel
185073120 Saint-Bon-Tarentaise
+33 (0)4 79 08 00 55
www.chabichou-courchevel.com

En Tarentaise, au pied des pistes des Trois Vallées, le Chabichou accueille ses convives dans une ambiance feutrée, teintée de notes naturelles. Influencé par une famille d'épicuriens et après avoir longtemps travaillé aux côtés du chef Michel Rochedy, Stéphane Buron (MOF 2004) crée sur une cuisine doublement étoilée dont la renommée dépasse les frontières. Authenticité et délicatesse sont les maîtres mots de ce chef, pour qui « la simplicité est un art de perfection ». Par cette quête quotidienne, il retrouve la quintessence du produit ; il en révèle, puis en magnifie les saveurs originelles à travers des recettes épurées. Au fil des saisons, il compose une carte d'émotions et de souvenirs dans laquelle la Savoie n'est jamais très loin.

Accord proposé par Gaëtan Bouvier

Weingut Trossen
Trabener Würzgarten Auslese
Riesling 2020
Température de service : 12 °C

Cette divine et subtile matière première se trouve tonifiée par le caractère citronné et vivace de ce riesling de Moselle allemande. Percutant.

Pour 10 personnes

Pour la meringue
- 200 g de blancs d'œufs
- 400 g de sucre glace

Pour la glace au lait des alpages
- 250 g de lait
- 50 g de sucre en poudre
- 250 de crème 35 % MG

Pour le crémeux à la vanille
- 120 g de lait
- 120 g de crème 35 % MG
- 2 gousses de vanille
- 240 g de jaunes d'œufs
- 200 g de sucre en poudre
- 8 g de gélatine
- 320 g de beurre

Pour le biscuit au citron
- 235 g d'amandes en poudre
- 235 g de sucre glace
- 260 g de jaunes d'œufs
- 56 g de farine
- 3 zestes de citron bio
- 260 g de blancs d'œufs
- 155 g de sucre en poudre
- 130 g de beurre fondu

Pour la macération d'agrumes
- 2 citrons bio
- 2 citrons verts bio
- 40 g d'huile d'olive au citron
- Le zeste de 1 citron vert

Pour l'émulsion de lait
- 8 g de gélatine
- 500 g de lait
- 125 g de sucre en poudre
- 100 g de jus de citron
- 150 g de crème 35 % MG

Pour la confiture de lait
- 200 g de lait
- 100 g de sucre en poudre
- ½ gousse de vanille

Pour le yaourt
- 1 gousse de vanille
- 1 l de lait
- 125 g de yaourt entier

Pour le dressage
- Sucre glace
- Feuilles en chocolat blanc

La meringue

Faire chauffer au bain-marie les blancs d'œufs avec le sucre glace, jusqu'à atteindre la température de 55 °C.
Monter au batteur, étaler en fine couche sur des tapis de cuisson et mettre à sécher 2 h au four, à 75 °C.
Casser de jolis morceaux.

La glace au lait des alpages

Congeler le lait dans un bol à Pacojet. Incorporer le sucre et la crème, puis pacosser. Débarrasser dans un bac et placer au congélateur.

Le crémeux à la vanille

Mettre à chauffer le lait, la crème et les gousses de vanille fendues et grattées.
Faire blanchir les jaunes d'œufs avec le sucre, puis verser la préparation précédente. Bien mélanger, puis remettre à chauffer (comme pour une crème pâtissière).
Hors du feu, ajouter la gélatine réhydratée et essorée.
Mixer en ajoutant le beurre. Réserver au frais.

Le biscuit au citron

Monter au batteur les amandes en poudre avec le sucre glace, les jaunes d'œufs, la farine et les zestes de citron.
Faire chauffer au bain-marie les blancs d'œufs avec le sucre jusqu'à 55 °C. Monter en meringue, puis mélanger les deux préparations. Incorporer le beurre.

Étaler sur une plaque à pâtisserie et enfourner pour 10 min à 190 °C environ. Laisser refroidir, puis détailler le biscuit à l'aide d'un emporte-pièce de 8 cm de diamètre.

La macération d'agrumes

Laver et éplucher les citrons, puis les peler à vif et prélever les segments. Les couper en deux. Assaisonner d'huile d'olive et de zeste. Laisser macérer.

L'émulsion de lait

Mettre la gélatine à tremper dans de l'eau froide et glacée. Faire chauffer le lait et le sucre, puis ajouter la gélatine égouttée, le jus de citron et la crème. Mixer et réserver 5 h au frais. Lisser la préparation froide et la mettre en siphon avec une cartouche de CO_2. Garder au frais.

La confiture de lait

Faire chauffer à ébullition le lait, le sucre et la gousse de vanille fendue et grattée. Baisser le feu et laisser réduire jusqu'à la coloration voulue. Ajouter quelques gouttes de jus de citron et réserver au frais.

Le yaourt

Mélanger les graines de la gousse de vanille avec le lait et le yaourt. Mixer et mouler dans des pots. Les mettre sur une plaque et les faire cuire toute la nuit à 45 °C. Laisser refroidir.

Dressage

Dans des assiettes creuses, placer au centre un cercle de biscuit. Surmonter du crémeux à la vanille, puis ajouter la macération d'agrumes, la glace au lait et l'émulsion de lait. Terminer harmonieusement par des éclats de meringue, saupoudrer de sucre glace et de feuilles en chocolat blanc. Servir avec le yaourt sucré à la confiture de lait.

NOUGAT GLACÉ BERNARD CHEMARIN

TANTE YVONNE
28, rue de la République
69650 Quincieux
+33 (0) 4 78 91 13 02
www.hotel-restauranttanteyvonne.fr

Troisième de la lignée, Bernard Chemarin a succédé à son père, Michel, qui avait lui-même pris la suite de l'illustre grand-mère, Tante Yvonne. Formé par deux grands maîtres de la restauration lyonnaise, Pierre Orsi et Paul Bocuse, le chef propose une cuisine gastronomique sans chichi ni faux-semblant, une cuisine de terroir aux racines solidement ancrées dans le Lyonnais, le Beaujolais et l'Ain, qui s'inscrit dans la grande tradition des Mères et Tantes lyonnaises. Ici, tout est frais et fait maison comme les grenouilles meunières, les ris de veau rissolés, la volaille à la crème de Bresse aux morilles Tante Yvonne, ou le délice aux pommes façon Pierre Orsi, ultime hommage au maître et ami.

Accord proposé par Gaëtan Bouvier

Domaine des Bernardins
Muscat de Beaumes-de-Venise 2018
Température de service : 10 °C

Pas besoin d'aller très loin pour trouver un compagnon de route à ce savoir-faire nougatier de Montélimar et de Provence. Étourdissant !

Pour 4 personnes

Pour la nougatine
- 200 g de sucre en poudre
- 200 g d'amandes effilées

Pour la meringue
- 250 g de sucre en poudre
- 250 de blancs d'œufs
- 500 g de crème fleurette
- 100 g de fruits confits
- Rhum

La nougatine (la veille)
Mettre le sucre dans une casserole et faire chauffer doucement jusqu'à obtention d'un caramel.
Enfourner les amandes pour 3 min. Incorporer au caramel en mélangeant bien. Débarrasser sur une plaque et laisser refroidir.

La meringue (la veille)
Dans une casserole, placer le sucre et 250 g d'eau.
Faire cuire pour atteindre la température de 110 °C.
Monter les blancs d'œufs en neige. Dès qu'ils sont fermes, ajouter le sucre cuit petit à petit et continuer à monter jusqu'à refroidissement complet.
Monter la crème (pas trop ferme) et réserver au frais.
Casser la nougatine en petits morceaux à l'aide d'un rouleau à pâtisserie. Incorporer à la meringue avec les fruits confits préalablement macérés dans du rhum.
Transférer dans une terrine et réserver 12 h au congélateur avant de servir.

L'astuce du chef
Pour agrémenter ce dessert, vous pouvez le servir avec un coulis de fruits.

SPHÈRE EN CHOCOLAT, ANANAS, SAUCE CARAMEL AU BEURRE SALÉ

JÉRÔME GAGNEUX

LE PETIT MEUNIER
12, chemin des moulins – 69510 Messimy
+33 (0) 4 78 45 05 03
www.lepetitmeunier.com

Jérôme Gagneux a choisi les paysages verdoyants des monts du Lyonnais pour boucler un tour du monde de huit mois. C'était en 2013, et le chef mayennais, bien aidé par son épouse, Laurence, y distille depuis une savante alchimie culinaire, où produits du monde se conjuguent avec bonheur à ceux du terroir. L'œuf « parfait », écrasé de panais à la cardamome, le tajine de homard et de rouget, aux petits légumes et citron confits, ou l'onglet de bœuf « Angus » mariné au soja, sauce chimichurri (piment du Sri Lanka) régalent les gourmands, confortablement installés à une terrasse courant le long du Garon, d'une inégalable explosion de saveurs.

Accord proposé par Laurent Derhé

Clos Uroulat
AOC Jurançon 2017
Température de service : 9 °C

Un mariage d'amour entre chocolat, ananas et exotisme aromatique du jurançon.

Pour 6 personnes

- 300 g de chocolat à 60 % de cacao
- ½ ananas frais
- 100 g de sucre en poudre
- 200 g de crème liquide
- 50 g de beurre
- ½ c. à café de fleur de sel
- 6 boules de sorbet à l'ananas

Faire fondre le chocolat, puis confectionner 12 demi-sphères à l'aide de moules flexibles (8 à 10 cm de diamètre).

Découper l'ananas en brunoise.

Préparer un caramel avec le sucre et un peu d'eau. À cuisson souhaitée, faire décuire avec la crème. Hors du feu, ajouter le beurre et la fleur de sel.

Dans des assiettes creuses, placer la moitié des demi-sphères, puis farcir de la brunoise d'ananas et de sorbet à l'ananas. Fermer avec les autres demi-sphères, verser le caramel chaud par-dessus et servir aussitôt.

L'astuce du chef

Il est possible de caler les sphères dans les assiettes en les « fixant » avec de la crème montée à la vanille ou un peu de caramel froid.

ŒUFS À LA NEIGE
STÉPHANE GARCIA

CONSEIL DÉPARTEMENTAL DU RHÔNE
31, cours de la Liberté – 69003 Lyon

Dans le Rhône, la mise en valeur du territoire débute bel et bien dans l'assiette. En faisant la part belle aux produits locaux de qualité, Stéphane Garcia, le chef de cuisine du Conseil départemental du Rhône, ne se contente pas de jouer la carte du circuit court et de l'écoresponsabilité. En bon ambassadeur, il anoblit aussi ce qui fait la réputation de tout un terroir, et en assure la promotion auprès des personnalités et autres hôtes de passage. Ce pur Lyonnais, ancien élève de Pierre Orsi et de Georges Blanc, a toute légitimité à jouer les porte-drapeaux gastronomiques. Il a simplement choisi d'ajouter un brin de soleil et de légèreté à sa cuisine, fruit d'une expérience de dix années dans un restaurant d'Alicante, en Espagne, où il a accentué sa passion pour le poisson et les autres produits de la mer.

Accord proposé par Laurent Derhé

Raphaël Bartucci
AOC Cerdon du Bugey
Méthode ancestrale 2021
Température de service : 9 °C

Pour terminer un repas en douceur et en légèreté.

Pour 6 personnes

- 8 œufs
- 160 g de sucre en poudre
- 1 l de lait entier
- 2 gousses de vanille bourbon
- 100 g de sucre glace
- Sel

Séparer les jaunes des blancs d'œufs, puis les mélanger avec le sucre jusqu'à blanchiment.

Faire infuser le lait et les gousses de vanille fendues et grattées, puis verser sur la préparation précédente. Faire cuire délicatement sans ébullition, en remuant bien à l'aide d'une spatule. La crème doit napper l'ustensile. Refroidir immédiatement en plongeant le récipient de crème anglaise dans un cul-de-poule rempli de glace.

Monter les blancs en neige avec une pincée de sel. Les serrer avec le sucre glace, puis répartir la préparation dans des cercles de 7,5 cm de diamètre. Faire cuire 1 min au four vapeur.

Décorer selon le goût (avec des filaments de caramel, par exemple) et servir dans des assiettes creuses.

MOUSSE AU CHOCOLAT DE MÉMÉ JOSETTE

PIERRE-ALAIN HÉBRARD

LA CANTINE DU VILLAGE
55, avenue de la République
69370 Saint-Didier-au-Mont-d'Or
+33 (0) 4 78 35 55 16
www.lacantineduvillage.com

Idéalement située au cœur de Saint-Didier-au-Mont-d'Or, La Cantine du Village de Pierre-Alain et Alexandre Hébrard propose une cuisine savoureuse d'inspiration bourgeoise et raffinée. La carte est constituée de grands classiques de la cuisine locale, comme la salade lyonnaise, la quenelle de brochet, mais aussi d'incontournables de la bistronomie, comme l'émincé de tomates au pistou et mozzarella panée chaude, l'onglet de bœuf et sa sauce béarnaise ou encore le filet de bar juste snacké sur sa peau... Et pour finir en beauté, le tiramisu aux marrons ou le fameux Éventail, un classique au chocolat de la maison Bernachon.

Accord proposé par Laurent Derhé

Domaine de la Rectorie
AOC Banyuls Léon Parcé 2019
Température de service : 10 °C

Le chocolat a un éternel allié de puissance et de douceur : le banyuls !

Pour 8 personnes

- 250 g de chocolat noir
- 150 g de beurre de bonne qualité
- 2 cl de café chaud
- 10 œufs à température ambiante
- 100 g de sucre en poudre

Faire fondre le chocolat avec le beurre. Remuer et ajouter le café. Laisser tiédir.

Séparer les jaunes des blancs d'œufs. Monter les blancs en neige doucement, puis énergiquement, pour qu'ils soient bien fermes.
Incorporer le sucre en remuant bien.

Verser la première préparation sur les blancs en neige et fouetter vivement. Laisser refroidir au moins 12 h avant de déguster.

L'astuce du chef

Cette mousse est à préparer la veille et à déguster bien frais.

GÂTEAU DE RIZ AUX AGRUMES CONFITS
AUDREY ET WILLIAMS JACQUIER

LE VIVARAIS
1, place Gailleton – 69002 Lyon
+33 (0) 4 78 37 85 15
www.restaurant-levivarais.fr

Ce bouchon lyonnais gastronomique propose une cuisine traditionnelle et chaleureuse dans un cadre hors du temps, car Le Vivarais est ouvert depuis 1917. Plus de 100 ans d'histoire ! Williams Jacquier (MOF 1996) et sa fille Audrey se sont donnés, depuis 2010, l'objectif de perpétuer la tradition du bon. Tout est « fait maison » : le fond d'artichaut des mères lyonnaises au foie gras est aussi emblématique que le cochon de lait rôti et farci, le lièvre à la royale en hiver, les quenelles de brochet sauce Nantua ou encore le pâté-croûte Richelieu. Un talent qui s'exprime aussi en pâtisserie avec la tarte à la praline ou le gâteau de riz aux écorces d'oranges confites.

Accord proposé par Laurent Derhé

Perrier Jouet
AOC Champagne Belle Époque
Température de service : 10 °C

Une grande cuvée de champagne a toujours sa place pour parachever un beau repas.

Pour 15 personnes

- 1,5 l de lait
- 100 g de sucre en poudre
- 67 g de beurre
- 200 g de riz rond
- 130 g d'agrumes confits
- 3 jaunes d'œufs

Porter à ébullition le lait, 100 g sucre et le beurre.
Ajouter le riz et laisser frémir 45 min à feu doux.
Hors du feu, ajouter les agrumes confits et les jaunes d'œufs.

Dans une casserole, verser le sucre et 65 g d'eau.
Remuer jusqu'à obtention d'un caramel.
Verser le caramel au fond d'un moule, puis la préparation à base de riz.
Enfourner pour 45 min à 150 °C.

À la sortie du four, laisser refroidir, puis démouler sur un plat de présentation.

Décorer avec des oranges confites et éventuellement quelques fruits rouges.

OUPS, LE COLONEL A RENVERSÉ **LA TARTE CITRON-BERGAMOTE !**

ANTHONY KERAVEC

JOUR DE MARCHÉ
14, rue Molière – 69006 Lyon
+33 (0) 4 78 24 74 59
www.restaurantjourdemarche.fr

Anthony Keravec a fait ses armes chez Pierre Orsi, puis auprès de Jean Banchet, à Chicago, avant de revenir à Lyon pour offrir à sa clientèle une cuisine bistronomique raffinée. Sa cuisine, créative et généreuse, est pimentée d'inspirations américaines, sud-américaines, et parfois asiatiques, à l'image de son oursin de Bretagne mousseux yuzu, jaune d'œuf confit, ou de son foie gras chaud vapeur, bouillon de canard galanga-gingembre et citron noir fermenté. Le bœuf Angus ou Wagyu, maturé ou non, est un incontournable de la carte, tout comme ce dessert en trompe-l'œil : le citron noir d'Iran, dont le cœur acidulé et végétal éveille subtilement les sens.

Accord proposé par Fabrice Sommier

Domaine des Bernardins
AOP muscat de Beaumes-de-Venise
Température de service : 12 °C

La robe est d'un jaune brillant aux reflets or, limpide et charmeuse. Le nez est opulent avec beaucoup d'arômes, des fruits blancs, jaunes et exotiques, ainsi qu'une touche plus importante d'ananas rôti. La bouche est gourmande et croquante, offrant un équilibre délicat entre le sucre et l'acidité. Une touche de thé fleuri en finale, avec une pointe de tabac brun.

Pour 4 personnes

Pour la pâte sucrée du chef
- 250 g de farine
- 250 g de sucre glace
- 1 œuf
- 1 pincée de sel

Pour la meringue italienne
- 250 g de sucre en poudre
- 2 cl de jus de citron
- 150 g de blancs d'œufs

Pour le sabayon citron-bergamote
- 5 œufs
- 50 g de sucre en poudre
- 2,5 cl de jus de citron
- 12,5 cl de jus de bergamote
- 1 feuille de gélatine
- 50 g de beurre

Pour le siphon colonel-vodka-citron
- 40 cl de sorbet citron
- 20 cl d'eau
- 20 cl de vodka
- 20 cl de jus de citron
- 6,5 feuilles de gélatine

La pâte sucrée
Mélanger tous les ingrédients.

La meringue italienne
Faire chauffer 150 g d'eau avec le sucre et le jus de citron pour atteindre la température de 116 °C. Monter les blancs d'œufs en neige. Quand le sirop atteint 121 °C, incorporer doucement dans les blancs. Laisser tourner jusqu'à ce que le tout refroidisse.

Le sabayon citron-bergamote
Mélanger les œufs avec le sucre et le jus de citron. Faire chauffer à 90 °C, ajouter la gélatine réhydratée et essorée, puis le beurre. Fouetter jusqu'à épaissement (la préparation doit adhérer au fouet).

Le siphon colonel-vodka-citron
Faire fondre la glace. Incorporer la gélatine réhydratée et essorée, puis le jus de citron et 2 l d'eau, et enfin la vodka. Passer au mixeur, puis au chinois étamine. Placer dans un siphon.

Le dressage
Le but est de donner l'impression d'une tarte renversée. Pour cela, commencer par un « splash » de sabayon en un coup sec de cuillère, puis un splash de meringue. Passer la meringue au chalumeau.
Déposer au centre des assiettes des morceaux de fond de tarte, dont certains assez grands pour qu'on distingue la forme du fond de tarte.
Servir le siphon dans une verrine sur à part.

MOUSSE DE CITRON VERT ET GELÉE DE RHUBARBE

CLÉMENT LATTIER

HISTOIRE SANS FAIM
Place Claudius-Peytel
69270 Rochetaillée-sur-Saône
+33 (0) 4 78 35 42 38
www.histoire-sans-faim-rochetaillee-sur-saone.fr

Au cœur du village de Rochetaillée-sur-Saône, non loin du célèbre musée de l'automobile Henri-Malarte, Clément Lattier propose une cuisine bistronomique pleine de créativité. Histoire sans faim, est un restaurant convivial, où le partage et le respect des produits français de qualité sont à l'honneur. Les assiettes sont simples mais efficaces, suivant le marché, à l'instar du crémeux de champignons et saucisse de Morteau snackée, du pot-au-feu de canard, ses légumes et son écume de foie gras, ou du filet de lieu jaune en meunière, risotto crémeux. La passion du chef se porte également sur des viandes françaises de qualité (Salers, Aubrac) relevées par des jus corsés et sur des viandes étrangères maturées (Galice espagnole, Hereford anglaise).

Accord proposé par Fabrice Sommier

Domaine Cazes
Muscat de Rivesaltes
Température de service : 12 °C

Une belle robe jaune pâle avec des reflets argent, un nez de fruits blancs et de raisins frais, une bouche fraîche avec un bon équilibre entre la structure et l'acidité.

Pour 4 personnes

Pour la gelée de rhubarbe
- 1 branche de rhubarbe
- 30 g de sucre en poudre
- 35 g d'agar-agar

Pour la mousse de citron vert
- 2 citrons verts
- 90 g de sucre en poudre
- 2 jaunes d'œufs
- ½ l de crème 35 % MG
- 4 cl de sirop de menthe

Pour le dressage
- 1 citron vert

La gelée de rhubarbe

Nettoyer et éplucher la rhubarbe. Faire bouillir dans une casserole le sucre avec 10 cl d'eau.
Ajouter la rhubarbe coupée en petits morceaux et laisser cuire 15 min à feu doux.
Mixer la préparation encore chaude, jusqu'à obtenir un coulis homogène. Ajouter l'agar-agar et laisser reposer 2 h au réfrigérateur.

La mousse de citron vert

Nettoyer et zester les citrons verts. Extraire leur jus directement au-dessus d'une casserole.
Ajouter le sucre et faire bouillir.
Hors du feu, ajouter les jaunes battus, puis remuer doucement à feu doux jusqu'à obtenir une consistance crémeuse. Débarrasser dans un plat et laisser reposer 15 min au congélateur.
Faire monter la crème, puis incorporer à la crème réservée.
Ajouter le sirop de menthe pour donner un peu de couleur à la mousse et laisser reposer 1 h.

Dressage

Dans des assiettes plates disposer harmonieusement trois quenelles de mousse au citron moulées à l'aide d'une cuillère à soupe préalablement trempée dans de l'eau chaude.
Avec une pipette garnie de la gelée de rhubarbe, déposer des points de gelée tout autour des quenelles de mousse de citron vert.
Râper du zeste de citron vert frais pour ajouter de la fraîcheur.

TARTE AU CITRON ET SORBET, FAÇON NOUS

DOMINIC MOREAUD

UNE FAIM D'APPRENDRE
24, avenue Joannes-Masset
ZAC Gorge de loup – 69009 Lyon
+33 (0) 9 62 60 92 68
www.unefaimdapprendre.eatbu.com

D'une amitié qui dure depuis trente belles années est né un lieu peu commun où le plaisir de transmettre est aussi fort que celui de créer de belles assiettes. À travers Une Faim d'Apprendre, Dominic Moreaud et Christian Lavault forment aux métiers de la restauration, au travers d'un cursus adapté, des hommes et des femmes qui vivent des moments de vie compliqués. Une Faim d'Apprendre, le restaurant d'application de leur centre de formation ABCR, où l'humanité est la première des valeurs, permet aux élèves d'apprendre pour rebondir. Car si les plats sont assurément bons, ici, c'est avant tout l'aventure humaine qui donne toutes ses saveurs à cette cuisine de brasserie généreuse et conviviale.

Accord proposé par Fabrice Sommier

Trimbach
Gewurztraminer Seigneurs de Ribeaupierre 2015
Température de service : 12 °C

Sa robe est jaune doré, éclatante. Son nez d'agrumes, de fruits exotiques et de vanille, offre une touche de verveine et de litchi. Il a de la puissance en bouche et offre beaucoup de finesse.

Pour 6 personnes

Pour la pâte sablée
- 500 g de farine
- 200 g de beurre
- 150 g de sucre glace
- 2 œufs

Pour la crème cuite citronnée
- 0,5 l de jus de citron
- 425 g de sucre en poudre
- 5 œufs + 5 jaunes
- 25 g de Maïzena
- 425 g de beurre
- Zestes de citron et de citron vert

Pour la meringue à l'italienne
- 3 blancs d'œufs
- 180 g de sucre en poudre

La pâte sablée

Mélanger tous les ingrédients et pétrir. Cuire 15 à 20 min à 180 °C pour obtenir une belle coloration dorée.

La crème cuite citronnée

Mettre à chauffer le jus de citron et le sucre. Dans un cul-de-poule, mélanger les œufs entiers, les jaunes et la Maïzena. Verser dans la préparation précédente. Remettre à feu doux sans cesser de remuer, jusqu'à obtention d'une crème onctueuse et homogène. Hors du feu, ajouter le beurre en parcelles et le zeste des citrons.

La meringue à l'italienne

Monter les blancs d'œufs en neige. Incorporer le sirop (mélange du sucre et de 50 g d'eau) à 121 °C (cuisson au grand boulé).

Dressage

Alterner sur deux étages la pâte sablée et la crème au citron, puis ajouter la meringue italienne et la colorer au chalumeau.

Les astuces du chef

Il est important d'utiliser une poche à douille une fois les préparations refroidies.
La coloration de la meringue est obtenue avec l'aide d'un chalumeau de cuisine.

VERRINES DE FRUITS ROUGES AU MASCARPONE, SIROP DE FLEURS D'HIBISCUS

PASCAL NOLIN

LE COMPTOIR DE SAINT-CYR
17 route de Lyon
69450 Saint-Cyr-au-Mont-d'Or
+33 (0) 4 78 83 30 52
www.lecomptoirrestaurant.fr

Cette maison bourgeoise, idéalement située dans les monts d'Or, offre de multiples ambiances selon la saison et les envies de chacun : terrasse verdoyante, préau en bois, restaurant épuré ou véranda au style japonisant, qui laisse présager l'influence asiatique, présente dans la cuisine bistronomique du chef. Le tartare de thon rouge, avocat, tomates confites, sauce soja wakamé, la pluma de pata negra grillée et son jus corsé au poivre de malabar, ou encore la tartelette au citron yuzu meringuée, servie avec son sorbet au citron vert gingembre, donnent un bel aperçu d'une carte traditionnelle, ponctuée de saveurs épicées, qui invitent au voyage.

Accord proposé par Fabrice Sommier

Julien Dos Santos
Heritage Porto LBV 2016
Température de service : 15 °C

Robe rubis, très brillante, avec une touche d'évolution. Nez empli de notes de fruits noirs confits, possédant une pointe de tabac cubain. Bouche puissante, avec une attaque franche et des tanins bien assouplis. Sucrosité bien dominée par un excellent mutage.

Pour 4 personnes

- 100 g de sucre en poudre
- 5 g de fleurs d'hibiscus séchées
- 125 g de framboises
- 250 g de fraises
- 200 g de crème liquide 35 % MG
- 20 g de sucre glace
- 1 gousse de vanille
- 100 g de mascarpone
- Le jus de ½ citron
- 4 Carambar

Faire bouillir 50 g d'eau avec la même quantité de sucre et les fleurs d'hibiscus jusqu'à obtenir un sirop. Laisser refroidir, puis en verser 2 c. à soupe sur les framboises et les fraises pour les infuser.

Monter la crème en chantilly. Incorporer le sucre glace et les graines de la gousse de vanille, puis ajouter délicatement le mascarpone. Réserver.

Préchauffer le four à 180 °C. Écraser grossièrement les fruits infusés, puis incorporer le reste de sucre et le jus de citron.

Déposer les Carambar sur une plaque recouverte de papier sulfurisé, en les espaçant de 3 cm. Enfourner pour 7 à 8 min (sans ventilation si possible). Retirer les tuiles et laisser refroidir.

Déposer les fruits au fond de verrines ou d'assiettes creuses, puis ajouter une couche de crème au mascarpone. Surmonter de quelques fruits frais et d'une tuile par verrine. Arroser de sirop de fleurs d'hibiscus.

L'astuce du chef
Pour compléter le dressage, vous pouvez ajouter quelques mini-meringues.

PETITS CHOUX CRAQUELIN À LA MOUSSELINE CITRON-MATCHA, DÉS D'AGRUMES

GRÉGORY PATOUX

LA CORBEILLE FLEURIE
395, montée Saint-Éloi – 69400 Liergues
+33 (0) 4 27 49 72 05
www.la-corbeille-fleurie.fr

Dans le joli village en pierres dorées de Liergues, Grégory Patoux propose une cuisine traditionnelle qu'il revisite avec une touche de créativité. Formé au sein de restaurants étoilés de la région (La Villa Florentine, le Château de Bagnols, Guy Lassausaie), le chef valorise des produits frais et de saison, à l'image de son rouleau de pastilla de pintade sur un émincé de chou frisé fondant-grillé ou de sa truite de mer mi-cuite dans un bouillon dashi, rafraîchi au basilic, sur un tartare de tomates et de melon. Formé à la réalisation de desserts à l'assiette, il sait aussi ravir les becs sucrés. Des douceurs à savourer dans une nouvelle salle plus spacieuse à la décoration contemporaine.

Accord proposé par Arnaud Chambost

Maison Chapoutier
Bière One Shot
L'Univers de Maxime
Température de service : 5-6 °C

Pour terminer le repas en croquant un petit chou gourmand et onctueux, quoi de mieux qu'une pils bien fraîche et désaltérante ? Elle est légère, aromatique, acidulée et peu amère… Une bonne raison de reprendre un autre petit chou, non ?

Pour 4 personnes

Pour le craquelin
- 80 g de sucre en poudre
- 100 g de farine
- 1 c. à café de thé matcha
- 70 g de beurre pommade

Pour la mousseline citron-matcha
- 50 g de jaune d'œuf
- 50 g de sucre en poudre
- 30 g de farine
- 50 g de lait
- 200 g de jus de citron
- 2 feuilles de gélatine
- 1 c. à café de thé matcha
- 150 g de crème fouettée

Pour la pâte à choux
- 150 g de beurre
- 10 g de sucre en poudre
- 5 g de sel
- 225 g de farine
- 6 œufs

Pour le dressage
- 1 pamplemousse
- 1 orange

Le craquelin

Mélanger le sucre, la farine et le thé matcha avec le beurre. Étaler la préparation entre deux feuilles de papier sulfurisé, jusqu'à obtenir une épaisseur de 1 à 2 mm. Réserver au congélateur.

La mousseline citron-matcha

Dans un saladier, mélanger le jaune d'œuf avec le sucre. Incorporer la farine et le lait, puis verser le jus de citron bouillant. Faire de nouveau bouillir à feu doux, en remuant. Ajouter les feuilles de gélatine réhydratées dans l'eau froide et le thé matcha. Laisser refroidir, puis incorporer la crème fouettée.

La pâte à choux

Porter à ébullition 375 g d'eau avec le beurre, le sucre et le sel.
Incorporer la farine tamisée jusqu'à obtenir une pâte homogène. Dessécher 1 min, puis incorporer les œufs un par un.
Préchauffer le four à 190 °C. Sur une plaque, dresser 12 choux à la poche à douille de la taille d'une pièce de 2 €. Recouvrir de disques de craquelin du même diamètre. Enfourner pour 12 à 16 min.

Dressage

Garnir les choux de mousseline citron-matcha. Disposer harmonieusement dans les assiettes avec les quartiers de pamplemousse et d'orange coupés en dés.

DÉLICE DE MENTON
BAPTISTE PIGNOL

Pour 6 à 8 personnes

Pour le moelleux au citron
- 1 œuf
- 50 g de sucre en poudre
- 2,5 g de poudre à lever
- 0,5 g de sel
- 55 g de farine
- 55 g d'huile de pépins de raisin
- 4 g de purée de citron broyé

Pour le croustillant au citron
- 25 g de beurre
- 25 g de cassonade
- 25 d'amandes en poudre
- 0,23 g de farine T55
- 0,25 g de sel
- 5 g de feuillantine
- 12,5 g de beurre de cacao
- 2 g de purée de citron broyé

Pour le confit de framboises
- 100 g de purée de framboises
- 25 g de brisure de framboises
- 26 g de sucre en poudre
- 2,1 g de pectine NH

Pour la mousse allégée au citron
- 125 g de purée de citron
- 65 g de jus de citron broyé
- 52 g d'eau
- 9 g de gélatine
- 20 g de chocolat blanc de couverture Ivoire Valrhona
- 23 g de beurre de cacao
- 30 g de crème fleurette montée

PIGNOL
8, place Bellecour – 69002 Lyon
+33 (0) 4 78 37 39 61
www.pignol.fr

Depuis trois générations, la famille Pignol régale les Lyonnais les plus exigeants, à la table de ses restaurants comme dans ses boutiques. L'histoire a commencé en 1954, rue Émile-Zola, et l'entreprise n'a jamais cessé de se développer. Après avoir travaillé au Ritz à Paris et chez Daniel Boulud à New York, Baptiste Pignol, fils du Meilleur Ouvrier de France, Jean-Paul Pignol, a choisi de rejoindre l'entreprise familiale pour participer à son rayonnement et à son évolution. Très impliquée dans la démarche environnementale et sociétale actuelle, la Maison Pignol s'attache à respecter les valeurs sûres avec des recettes emblématiques, comme sa tarte écossaise, et à se renouveler, au fil des saisons, avec ses créations salées et sucrées.

Accord proposé par Denis Verneau

Domaine Castéra
Jurançon « Memoria » 2021
Température de service : 10 °C

Avant de débuter la dégustation, attardez-vous sur l'harmonie visuelle entre cet entremets et la robe du vin. Une jolie palette de jaunes, du bouton d'or au citron en passant par le mimosa et le jaune de Nankin. L'équilibre est une inspiration de cet accord, afin que la sucrosité ne domine pas. Ce vin a aussi la capacité de rivaliser avec la fraîcheur du plat. L'agrume est le fil conducteur de cette alliance. Une fois le cahier des charges défini, ce jurançon s'impose. Une osmose qui frise la perfection.

Le moelleux au citron

Monter au batteur l'œuf avec le sucre. Incorporer la poudre à lever, le sel et la farine tamisée. Verser délicatement l'huile mélangée avec la purée de citron et mélanger. Étaler sur une plaque et enfourner pour 12 min à 160 °C.

Le croustillant au citron

Mélanger le beurre avec la cassonade, les amandes en poudre, la farine et le sel. Répartir sur une plaque de cuisson et enfourner pour 15 min à 160 °C.
Cribler la préparation au tamis à mailles épaisses pour obtenir une texture sablée grossière (morceaux de 1 cm environ). Ajouter la feuillantine, le beurre de cacao fondu à 50 °C et la purée de citron.

Le confit de framboises

Faire chauffer la purée de framboises avec la brisure et 22 g de sucre, jusqu'à atteindre la température de 40 °C. Ajouter le reste de sucre, incorporer la pectine et porter à forte ébullition.

La mousse allégée au citron

Faire chauffer la purée et le jus de citron, puis ajouter la gélatine réhydratée. Verser environ un tiers de liquide chaud sur le chocolat et le beurre de cacao fondu. Émulsionner et ajouter le reste du liquide en plusieurs fois.

Montage

Dans un cercle à pâtisserie posé sur une plaque, étaler le croustillant au citron. Recouvrir de la moitié de la mousse allégée au citron, déposer un palet de moelleux au citron, ajouter une couche de confit de framboises et terminer en versant le reste de mousse allégée au citron. Réserver toute une nuit au congélateur. Napper avec un glaçage jaune.

PIGNOL
LYON

FONDANTS CHOCOLAT BLANC-PISTACHE, SORBET À LA FRAMBOISE, COULIS DE CHOCOLAT ET FÈVE TONKA

FRÉDÉRIC THERRIAUD

LE PLATO
1, rue de Villeneuve – 69004 Lyon
+33 (0) 4 72 00 01 30
www.restaurant-leplato.fr

Séduit par ce lieu atypique sur le plateau de la Croix-Rousse, doté d'une belle verrière ensoleillée, Frédéric Therriaud est venu perpétuer l'histoire de la bonne chère, en 2013, en y ajoutant son savoir-faire acquis auprès des Le Bec, Têtedoie ou encore Mariller. Sa cuisine bistronomique se traduit dans des assiettes pleines de générosité et composées de produits frais en provenance du marché, à l'image du filet de bœuf Rossini ou des rouelles de cuisses de volaille fermière, farcies aux escargots et foie gras, servies avec une émulsion aux herbes potagères. Son mille-feuille framboise, mousse de chocolat blanc « Galak » et pistache, sorbet framboise, démontre aussi toute la créativité d'un chef, formé à l'art pâtissier.

Pour 4 personnes

- 200 g de chocolat blanc Weiss
- 130 g de beurre + 10 g de beurre pommade
- 70 g de pâte de pistache
- 6 œufs
- 180 g de sucre en poudre
- 50 g de crème liquide
- 50 g de chocolat noir Weiss
- 1 g de fève tonka
- 4 boules de sorbet à la framboise

Préchauffer le four à 130 °C. Faire fondre au bain-marie le chocolat blanc avec le beurre et la pâte de pistache. Mélanger vivement les œufs avec le sucre jusqu'à blanchiment. Verser le chocolat fondu lentement sans cesser de mélanger.
Graisser des moules individuels avec le beurre pommade. Saupoudrer le fond d'une pincée de farine tamisée. Verser la préparation dans les moules et enfourner pour 45 min.
Pour le coulis, porter à ébullition la crème. Incorporer le chocolat noir et la fève tonka râpée. Arrêter l'ébullition et mélanger doucement. Servir les fondants avec le coulis tiède et le sorbet à la framboise.

Les astuces du chef

Le beurre pommade permet de mieux chemiser les moules que le beurre fondu.
Le mélange chocolat blanc-pistache ne doit pas être trop chaud pour ne pas faire trancher l'appareil.

Accord proposé par Denis Verneau

Maison Ramos Pinto
Porto Tawny 10 ans Quinta de Ervamoira
Température de service : 12 °C

Plonger sa cuillère dans ce moelleux, c'est déjà accepter d'être submergé par le plaisir. Et tant qu'à nager dans le bonheur, autant s'y jeter à corps perdu. Alors sans hésitation, succombez à ce nectar : sa douceur tapissera votre palais, ses saveurs enchanteront vos papilles. Vous allez adorer !

SAFRAN DES BAUGES
SÉBASTIEN VAUXION

K2 - LE SARKARA
238, rue des Clarines – 73120 Courchevel
+33 (0) 4 79 40 08 80
www.lek2palace.com

Les arts de la table se sont fait une place de choix dans la star des stations. Et c'est peut-être au cœur du K2 Palace que cette démarche d'excellence trouve son illustration la plus éloquente. Le Sarkara, restaurant pâtissier gastronomique deux étoiles Michelin, signe en effet des moments incomparables. Dans ce lieu magique et feutré, lové au cœur de l'établissement, Sébastien Vauxion invente une nouvelle façon d'aborder le dessert. Jouant des textures et des associations, celui qui vient d'être sacré chef pâtissier de l'année 2023 par le *Gault & Millau* écrit un repas étonnant, déconcertant et savoureux. Des entrées singulières, des plats modernistes, des desserts étourdissants de gourmandises…

Accord proposé par Maxime Valéry

Clos Joliette
Jurançon 1982
Température de service : 10-12 °C

Le Clos Joliette est un jurançon à part. Avec l'âge, il dévoile une palette aromatique bouleversante et évolutive passant par des arômes de safran, de noix fraîche, de marmelade d'agrumes, de fruits exotiques juste rôtis ou encore de truffe blanche.

Pour 8 personnes

Pour le sorbet pamplemousse-bière
- 90 g d'eau minérale
- 63 g de sucre en poudre
- 18 g de zestes de pamplemousse
- 75 g de jus de pamplemousse
- 75 g de bière blonde Brasserie du Mont-Blanc
- 0,2 g de poivre de Tasmanie

Pour la crème prise au safran
- 250 g de crème liquide 35 % MG
- 0,3 g de pistils de safran
- 55 g de jaunes d'œufs
- 30 g de sucre en poudre

Pour les peaux d'agrumes confites au safran
- 1 écorce de pamplemousse
- 1 écorce d'orange
- 2 écorces de citron
- 200 g de sucre en poudre
- 0,25 g de pistils de safran

Pour l'opaline au pamplemousse
- 150 g de glucose
- 10 g de beurre de cacao
- 4 g de zeste de pamplemousse
- 2 g de fleur de sel
- 225 g de fondant pâtissier

Pour les chips de pamplemousse
- 1 pamplemousse

Pour le dressage
- 80 g de pamplemousse thaï
- 60 g de pamplemousse rouge
- 50 g de mangue verte
- 50 g de mangue du Pérou
- Fleurs de safran

Le sorbet pamplemousse-bière
Dans une casserole, placer l'eau, le sucre et les zestes de pamplemousse. Porter à ébullition pour réaliser un sirop. Verser sur le jus de pamplemousse et la bière. Poivrer. Turbiner et réserver à – 18 °C.

La crème prise au safran
Faire bouillir la crème. Ajouter le safran et laisser infuser 10 min hors du feu.
Porter de nouveau à ébullition, puis ajouter les jaunes d'œufs blanchis avec le sucre.
Couler 50 g de la crème obtenue directement dans les assiettes. Faire prendre à 4 °C.

Les peaux d'agrumes au safran
Tailler les écorces d'agrumes en fine julienne, puis les plonger dans 500 g d'eau bouillante.
Ajouter le sucre et couvrir d'une feuille de papier sulfurisé.
Laisser confire à feu doux en ajoutant le safran à mi-cuisson.
Poursuivre très lentement la cuisson entre 2 et 4 h.

L'opaline au pamplemousse
Préparer un caramel cuit à 165 °C avec le glucose.
Faire décuire avec le beurre de cacao, le zeste de pamplemousse et la fleur de sel. Laisser refroidir, puis mixer.
Tamiser sur un Silpat au travers d'un chablon.
Enfourner pour 30 s à 200 °C dans un four à sole éteint, le temps que la poudre d'opaline fonde et forme un disque brillant.

Les chips de pamplemousse
Peler le pamplemousse. Le congeler environ 1 h, puis le trancher finement à la machine à jambon. Placer les tranches au déshydratateur.

Dressage
Dans des assiettes creuses, couler la crème au safran. Réserver 1 h au réfrigérateur.

Au moment de servir, égrainer le pamplemousse thaï, couper le pamplemousse en fins quartiers, la mangue verte en fine julienne et la mangue du Pérou en brunoise. Mélanger les fruits avec les peaux d'agrumes confites, puis ajouter dans les assiettes.
Déposer une quenelle de sorbet, planter un morceau d'opaline et une chips de pamplemousse séchée. Parsemer de fleurs de safran.

INDEX DES RECETTES PAR PRODUIT

INDEX DES CHEFS, SOMMELIERS ET DIRECTEURS DE SALLE

CRÉDITS PHOTOS

La plupart des portraits de chefs et des photos de recettes ont été réalisées par Matthieu Cellard dans les restaurants : 33 Cité, de Frédéric Berthod ; Têtedoie, de Christian Têtedoie ; Le Président, de Christophe Marguin ; Une faim d'apprendre, de Dominic Moreaud ; Chez Lucien Bistrotier, de Benjamin Nieto ; Histoire sans faim, de Clément Lattier.

La majeure partie des photos illustrant l'histoire des Toques Blanches Lyonnaises sont issues des archives de l'association.

Autres crédits photographiques :
pp 6, 8, 64 à 72 : © Fred Durantet, archives TBL
pp. 11 et 25 : atelier Nicolas Salagnac
pp. 14, 66 : DR
pp. 18, 36, 66 : Bibliothèque Municipale de Lyon
p. 24 : coll. Les Amis de Guignol
pp. 25-26 : © Archives municipales de Lyon
pp. 29, 33, 34, 35 : coll. Christian Bourillot
p. 40 : © *Le Progrès*, coll. Christian Bourillot.
p. 56 : Frédéric Bouchet, archives TBL.
pp. 60-61 : © Fabrice Schiff, archives TBL
pp. 78-79 : coll. Christophe Bacquié
pp. 80-81 : © Noémie Gervais, coll. Grégoire Baratier
pp. 84-85 : © Christophe Cinquin, Christophe Fouquin, coll. Jordan Billan
pp. 90-91 : © Fred Durantet, coll. Jérémie Crauser
pp. 102-103 : coll. Stéphan Kucharek
pp. 106-107 : © Marie-France Nelaton, coll. Édouard Loubet
pp. 108-109 : © Sarah Jocteur, coll. Marie-Victorine Manoa
pp. 116-117 : coll. Christophe Paucod, Lugdunum
pp. 120-121 : © Fred Durantet, coll. Cyril Reynaud
pp. 122-123 : coll. Laëtitia Rivet
pp. 128-129 : coll. Serge Vieira
pp. 132-133 : © Fred Durantet, coll. Frédéric Virte
p. 138 : coll. Olivier Couvin et Gilles Reinhardt, Restaurant Paul Bocuse
pp. 144-145 : coll. Yohann Chapuis
pp. 148-149 : © Fred Durantet, © Clémant Sirieys, coll. Yoann Conte
pp. 160-161 : © Mélanie Lallement, coll. Arnaud Lallement
pp. 172-173 : © Nicolas Villion, coll. Florent Poulard
pp. 174-175 : coll. Michel Roth
pp. 182-183 : © Sharleen Povsl, coll. Jean-François Têtedoie
pp. 184-185 : © agence Camille Carlier, © Nicolas Villion, coll. Davy Tissot
pp. 188-189 : © Anne Moscatello, coll. Patrice Vander
pp. 190-191 : © Hervé Bal, coll. Nicolas Vernay
pp. 198-199 : coll. D. Pouly/S. Mahboub
pp. 200-201 : coll. Emmanuel Renaut
pp. 202-203 : © Foudimages, coll. Pieter Riedijk
pp. 222-223 : © Erwan Balança, coll. Éric Guérin
pp. 232-233 : coll. Olivier Paget
pp. 240-241 : coll. Frédéric Vardon
pp. 248-249 : © Fred Durantet, © Laurent Fau, coll. Sébastien Bouillet
pp. 282-283 : © Foudimages, © Didier Bouko, coll. Sébastien Vauxion

Achevé d'imprimer en Espagne en novembre 2023 par Indice S.L.,
sur papier provenant de forêts gérés de manière durable.